U0575494

IYU XINKAIENSI DSGE MOXING

DE ZHONGGUO JINGJI BODONG MONI YANJIU

# 基于新凯恩斯DSGE模型

## 的中国经济波动模拟研究

>>>>> 李松华 著

>>>  中国水利水电出版社
www.waterpub.com.cn

## 内 容 提 要

本书主要通过构建新凯恩斯主义的 DSGE 模型,在校准 DSGE 模型结构参数的基础上,运用脉冲响应模拟分析和比较了货币政策、财政政策、消费品生产率、房地产生产率等外生随机扰动对中国产出、通货膨胀等经济变量的影响,并探讨了财政和货币政策之间的互动关系,对房地产抵押贷款率影响货币政策调控房价的效应做了敏感性分析。内容翔实,观点新颖,具有较强的系统性、实践性和实用性。本书适用于专门研究新凯恩斯 DSGE 模型的专家学者作为参考,同时也适用于作为普通读者对房价、货币等对经济波动影响进行了解的参考资料。

## 图书在版编目(CIP)数据

基于新凯恩斯 DSGE 模型的中国经济波动模拟研究/
李松华著.--北京:中国水利水电出版社,2014.6 (2024.8 重印)
  ISBN 978-7-5170-2056-1

Ⅰ.①基… Ⅱ.①李… Ⅲ.①中国经济-经济波动-
经济模型-研究 Ⅳ.①F124.8

中国版本图书馆 CIP 数据核字(2014)第 104784 号

策划编辑:杨庆川  责任编辑:杨元泓  封面设计:崔 蕾

| 书 名 | 基于新凯恩斯 DSGE 模型的中国经济波动模拟研究 |
| --- | --- |
| 作 者 | 李松华 著 |
| 出版发行 | 中国水利水电出版社<br>(北京市海淀区玉渊潭南路 1 号 D 座 100038)<br>网址:www.waterpub.com.cn<br>E-mail:mchannel@263.net(万水)<br>　　　　sales@waterpub.com.cn<br>电话:(010)68367658(发行部)、82562819(万水) |
| 经 售 | 北京科水图书销售中心(零售)<br>电话:(010)88383994、63202643、68545874<br>全国各地新华书店和相关出版物销售网点 |
| 排 版 | 北京鑫海胜蓝数码科技有限公司 |
| 印 刷 | 三河市天润建兴印务有限公司 |
| 规 格 | 148mm×210mm 32 开本 5.5 印张 110 千字 |
| 版 次 | 2014 年 8 月第 1 版 2024 年 8 月第 3 次印刷 |
| 印 数 | 0001—3000 册 |
| 定 价 | 32.00 元 |

# 前　　言

改革开放 30 多年来,我国经济发展取得了举世瞩目的成就,经济总量基本保持了年均 10％ 的增速,并跃居世界第二位。但我国的经济增长率并不平稳,实际产出波动幅度较大,季度产出增长率极差在 1992～1994 年之间高达到 12％ 以上,即使在 1995～2007 年的较为平稳时期,季度产出平均增长率极差也在 2％ 左右,波动频率较高。而为了追求经济的增长,我国频繁运用货币、财政政策干预宏观经济,这些政策的实施是否是引致我国经济波动的冲击源呢? 同时,近几年,房价的不断上涨已成为我国经济的一个热点问题,房价是否也是我国经济波动的冲击源呢? 因此,关于房价、货币政策和财政政策等因素对经济波动的影响问题,值得探讨。

现有关于中国经济波动的研究文献,较多地采用了简约化计量模型,运用动态随机一般均衡模型(DSGE)模型的研究多基于 RBC 理论,排除了货币政策因素。而少数基于新凯恩斯框架的 DSGE 研究,往往模型设定相对简单,遗漏了当前我国经济的多个重要特征(如房价)。因此,本项研究将房价、货币政策、财政政策等因素纳入新凯恩斯

DSGE 模型,分析其对我国经济波动的影响,显然具有重要意义。

本项研究通过构建新凯恩斯主义的 DSGE 模型,在校准 DSGE 模型结构参数的基础上,运用脉冲响应模拟分析和比较了货币政策、财政政策、消费品生产率、房地产生产率等外生随机扰动对中国产出、通货膨胀等经济变量的影响,并探讨了财政和货币政策之间的互动关系,对房地产抵押贷款率影响货币政策调控房价的效应做了敏感性分析。通过实证研究,本项研究得出了以下几点有意义的结论:

(1)外生随机扰动对经济具有不同的影响方向和程度。

第 2 章的研究表明,货币供给和消费偏好两个外生随机冲击到了经济的高涨,技术冲击对经济具有积极效应,投资调整成本冲击对经济具有负向影响,而两个成本推动冲击即价格加成和工资加成冲击均对经济具有消极影响。对产出和通货膨胀影响最大的均是货币供给冲击,其次是技术和投资调整成本冲击;两个成本推动冲击对经济的影响极为微弱,特别是工资加成冲击对经济的影响最为微弱。

第 3 章的研究表明,货币供应量、政府购买支出、贷款、技术和消费偏好等 5 个冲击对经济具有积极影响,价格加成、工资加成和投资调整成本等 3 个冲击对经济具有负向影响。对产出和通货膨胀影响最大的均是货币供应量冲击,其次是技术和投资调整成本、价格加成冲击;相对而言,政府购买支出、消费偏好和工资加成冲击对产出、通货膨胀的影响较小,贷款对经济的影响极为微弱。

第 4 章的研究表明,消费品生产率冲击和房地产投资冲击导致总产出增加而通货膨胀下降,房价加成冲击导致总产出和通货膨胀均下降,而利率、消费品价格加成和房地产生产率等3个冲击导致产出下降、通货膨胀上升。导致产出波动幅度最大的是利率冲击,其次是消费品价格加成冲击和消费品生产率冲击,而房价加成冲击和房地产投资冲击对产出的影响相对微弱;对通货膨胀影响程度最大的也是利率冲击,其次是消费品价格加成冲击和消费品生产率冲击。

第5章的研究表明,利率、贷款、消费品价格加成和工资加成等4个冲击对经济的影响是消极的——导致产出下降而通货膨胀上升;房价加成冲击和房地产投资冲击对经济的影响是积极的——导致产出增加而通货膨胀下降;消费品生产率和房地产生产率冲击均导致了经济的高涨。导致产出波动幅度最大的是利率冲击,其次是消费品价格加成和房价加成冲击,工资加成和贷款冲击对产出的影响较为微弱;对通货膨胀影响最大的也是利率冲击,其次是消费品价格加成、房地产投资和房价加成冲击,而工资加成和贷款冲击对通货膨胀的影响较为微弱。

(2)财政和货币政策之间存在不同的关系。产出冲击时,财政政策和货币政策对冲击的响应方向一致,从而二者之间是互补关系;而通货膨胀冲击时,财政政策和货币政策对冲击的响应方向相反,因而存在替代关系。

(3)抵押贷款率对货币政策调控房价的效应具有显著影响。基于不同房地产抵押贷款率的模拟分析发现,抵押贷款率对于我国货币政策调控房价的效应具有十分显著的影响,较高的房地产抵押贷款率可以削弱利率和贷款对房价的推动作用,因而,对于房价的调控,可以适当提高房地产抵押贷款率即降低房地产首付率,以有效平抑房价的快速上涨。

# 目　　录

# 第1章 绪论

## 1.1 选题背景及研究意义

### 1.1.1 选题背景

改革开放 30 多年来,特别 1992 年我国确立社会主义市场经济改革方向后,经济发展取得了举世瞩目的成就,经济总量基本保持了年均 10％的增速,2010 年 GDP 总量 397983 亿元(约 6.04 万亿美元),跃居世界第二位,2011 年 GDP 总量达 471564 亿元,相比 2010 年增长了 9.2％。但我国的经济增长率并不平稳,在 1993 年第 3 季度高达 15.1％,而在 2009 年第 3 季度只有 6.5％,实际产出波动幅度较大,季度产出增长率极差在 1992～1994 年之间高达到 12％以上,即使在 1995～2007 年中国经济较为平稳的时期,季度产出平均增长率极差也在 2％左右,波动频率较高。

伴随着中国经济快速发展、经济总量不断攀升,央行运用货币政策调控宏观经济的行动越来越频繁,1996～2002年间,中国人民银行先后采取了 8 次降息、2 次调低存款准备率、取消实施多年的贷款规模管理、扩大公开市场操作等一系列具有扩张性的货币政策。而 2007～2008 年间,中国人民银行动作更加频繁:连续 6 次上调金融机构人民币存贷款基准利率,并连续 15 次提高存款类金融机构人民币存款准备金率。

同时期,即自 1998 年我国住房分配体制改革以来,我国房地产市场发展迅速,房地产投资呈现快速增长的势头,但与之相伴随的是我国房价的普遍上涨。数据显示,2000～2007 年,我国房地产投资年均增长 20％以上,全国房屋销售价格指数累计上涨 52.57％。而且房地产贷款(包括房地产开发贷款)也增长迅速。

与此同时,自 2001 年中国加入 WTO 之后,中国的外向型经济特征愈发明显,拉动经济增长的"三驾马车"中,贸易表现优异。但经济开放度的提高也使中国的经济更易受到其他国家经济情况的影响,特别是与中国经济联系紧密的美国、欧盟、日本等国家和地区经济的影响:自 2008 年下半年开始,受美国次贷危机的影响,中国的经济增长开始放缓,2008 年第 4 季度同比仅增长 6.7％,2009 年的增长率也仅为 8.7％。

追求经济的平稳增长是当前各国发展经济的重要目标,而在当前错综复杂的国际国内形势下,我国的经济增长不可避免地受到影响,经济波动问题日益明显。那么,引起中国宏观经济波动的外生冲击源有哪些呢？房地产价格冲击是否是推动我国经济波动的一个来源呢？运用货币、财政等宏观政策干预经济是当今世界各国的普遍做法，宏观经济政策与经济波动的内在联系不言而喻。因此，关于房价、货币政策和财政政策等因素对经济波动的影响问题，值得探讨。

## 1.1.2　研究意义

对于宏观经济波动问题的研究，其方法大致可以分为两类：其一是采用简约化宏观计量模型，另一种是结构化的动态随机一般均衡模型（Dynamic Stochastic General Equilibrium Model，简称或缩写 DSGE）。相比较而言，简约化宏观计量模型的主要缺陷在于难以进行有说服力的政策分析，而具有坚实微观基础并采用微观经济学分析中普遍采用的优化分析思想的 DSGE 模型不仅能够尽可能多地引入经济中的各种名义和实际摩擦，包含更为丰富的要素信息，能够有效克服简约化计量模型难以进行政策仿真分析的难题。运用 DSGE 模型进行政策分析，在模型结构参数不变的假定下，当政策参数改变时通过求解理性预期方程，可以得到变量动态演进的简约化方程，其系数矩阵所有元素的值都发生了改变，而在简约化模型中，政策参数改变不会导致其他反应系数的改变。因而 DSGE 模型成为当前研究宏观经济问题最适用的分析框架。

对于中国宏观经济波动问题的研究，我国学者更多地采用了宏观计量经济学的方法,少量运用 DSGE 模型的研究也多基于真实经济周期理论(RBC),理论本身就排除了货币政策因素,同时基于参数校准或二阶矩模拟的研究结论也有待商榷。而少数基于新凯恩斯框架的 DSGE 研究,往往模型设定相对简单,遗漏了当前我国经济的多个重要特征(如房价等),而且分析方法较单一,相关结论也有待进一步深入。

有鉴于此,本项研究拟基于新凯恩斯框架的 DSGE 模型,分析房价、货币政策、财政政策以及价格加成等对我国经济波动的影响,以期丰富 DSGE 分析框架在我国的应用研究,并对我国运用货币政策干预宏观经济进行有益的思考。

# 1.2　国内外研究现状及评述

基于建模的理论基础,DSGE 模型可以分为两类:基于真实经济周期 RBC 理论的 DSGE 模型和基于新凯恩斯主义理论的 DSGE 模型,因而,基于 DSGE 模型的经济波动文献研究也可以沿袭这一思路。

## 1.2.1　基于 RBC 理论 DSGE 模型的经济波动研究

真实经济周期 RBC 理论的基本假设是价格和工资具

有完全的灵活性,产品市场和劳动市场总是处于出清状态,不存在外部性、信息是完全的以及行为主体具有理性预期,从而认为名义变量不会影响实体经济,经济波动主要来自于技术冲击,如 Kydland & Prescott(1982),Long & plosser(1983),Preseott(1986)。这些研究的 DSGE 分析框架,在少量外生冲击下,很好地拟合了美国的经济波动,因而强调来自供给方面的冲击。

King & Plosser(1984)在 RBC 框架中引入银行和货币,发现货币依然只是经济周期的被动反映,并不改变货币中性的结论。Cooley & Hansen(1989)认为货币政策对经济波动的影响微乎其微。由于“灵活价格”的假定,价格能够迅速调整以适应供求变化,得到“货币政策对经济没有真实效应”的结论是自然而然的。

尽管 RBC 理论无法分析货币政策对经济波动的贡献度,国内学者基于 DSGE 模型研究经济波动问题仍集中在 RBC 框架。卜永祥和靳炎(2002)在一个假定劳动力外生给定的 RBC 模型中,模型中引入随机的技术冲击和货币政策冲击,通过计算 Kydland-Prescott 方差比率(该比率是模型计算的变量标准差与实际数据经 H-P 滤波后的标准差之比),认为技术冲击可以解释中国经济波动的 76%。

陈昆亭等(2004a)按照 Prescott(1986)的方差估算法,模拟发现基本的 RBC 模型较好地模拟了中国实际经济中多数宏观变量的波动特征。陈昆亭等(2004b)在基本的 RBC 模型加入太阳黑子冲击,研究发现,太阳黑子冲击对经济波动的贡献有限,实际冲击解释了波动的主要部分,且供给冲击比需求冲击更重要。

黄颐琳(2005,2006)通过计算 Kydland-Preseott 方差比率考察了外生冲击对经济波动的解释能力。黄颐琳(2005)分析了技术冲击与财政政策冲击对宏观经济波动的效应。认为,技术冲击和政府支出冲击可以解释 70％以上的中国经济波动特征,中国经济波动是技术因素、供给因素和需求因素综合影响的共同产物。黄颐琳(2006)基于可分劳动的 RBC 模型,认为技术冲击可以解释中国经济波动的主要部分。

李浩和钟昌标(2008)基于开放经济的 RBC 模型,通过计算消费的 Kydland-Prescott 方差比率等于 84.13％,认为模型解释了产出波动的 84.13％。但简单地引入贸易顺差变量并不能视为开放经济的 DSGE 模型。

## 1.2.2 基于新凯恩斯 DSGE 模型的经济波动研究

与 RBC 理论 DSGE 模型不同,新凯恩斯 DSGE 模型假定价格和工资是粘性的而非"灵活调整"的,经济主体具有理性预期,市场是垄断竞争的而非完全竞争的,同时在模型中引入了货币政策冲击,认为货币政策冲击在短期内对产出具有真实效应,如 Romer(1988),Bemanke & Blinder(1992),而且认为除了 RBC 理论所强调的供给冲击,需求冲击对经济波动也有较强的解释力。如 Gali(1999)认为需求冲击是产出和劳动波动的主要因素。

Calvo(1983)、Gali & Gertler(1999)等认为货币政策冲击及价格决定行为在理解经济周期中发挥了核心作用。Christiano & Eichenbaum(1992a,1992b)证实了货币在经济周期中的重要性。

Ireland(1997,2001,2003,2004)在新凯恩斯框架下研究了技术进步、货币政策与经济波动的关系。Ireland(2001)肯定了真实经济周期(RBC)理论的结论,并认为通胀波动主要来自于货币政策冲击。Ireland(2004)认为除了技术冲击,新凯恩斯模型中包含的需求偏好冲击、成本推动冲击、货币政策冲击都能解释一定的经济波动,这些冲击甚至比技术冲击更重要。

Christiano,Eiehenbaum & Evans(2005)构建了包含价格粘性和工资粘性、消费习惯形成、投资调整成本、可变的资本利用率、可借款支付工资等许多标准新凯恩斯模型以外的新元素,证明了货币政策冲击可以解释通货膨胀惯性和产出的持续性。

SmetS & Wouters(2003)构建了一个价格、工资双粘性的 DSGE 模型用于分析欧洲的经济波动。认为劳动供给和货币政策冲击是产出波动的主要来源,而价格加成和货币政策冲击是通胀波动的主要来源。

Chari et al.(2000)认为真实摩擦而非名义摩擦是导致经济波动的主要因素。

Dib(2006)认为技术和偏好冲击是产出波动的主要来源。

Adolfson(2007)运用开放经济 DSGE 模型的研究表

明,技术、偏好、劳动供给冲击解释了产出波动的大部分;货币政策冲击是通胀波动的主要因素。

Sugo & Ueda(2008)则认为投资调整成本冲击和技术冲击是导致日本经济波动的主要因素。

此外,还有一些学者将金融市场引入 DSGE 模型,如 Bemanke,Gertler & Gilchrist(1999)认为信用摩擦等金融因素对经济波动有着重要影响。Milani(2008)和 Castelnuovo & Nistico(2009)将股票市场引入 DSGE 模型的分析框架,但他们的研究结论截然相反。Milani(2008)认为股票市场对经济周期的影响可以忽略不计,尽管其预期作用很显著。而 Castelnuovo & Nistico(2009)认为股票的财富效应对实际产出有很大的促进作用。

近几年,国内学者也开始构建新凯恩斯 DSGE 模型分析我国的经济波动问题。陈昆亭和龚六堂(2006)通过引入粘性价格和内生货币机制,模拟出了比基本 RBC 模型更接近中国经济的周期特征。该模型初具新凯恩斯理论框架的雏形,包含了新凯恩斯理论"垄断竞争"和"价格粘性"两大核心要素。

李春吉、孟晓宏(2006)认为消费偏好冲击、投资效率冲击、技术冲击、名义货币供给增长冲击和政府支出冲击都对中国的经济波动产生显著影响,但技术冲击不如在 RBC 模型中对产出波动的影响大。

刘斌(2008)基于开放经济的 DSGE 模型,检验了银行在经济波动中的"金融加速器"作用。作者运用 Bayes 方法参数估计,并通过脉冲响应分析了政府支出冲击的动态效应,发现政府支出的增加会带动总需求及总产出的上升,但利率上升的压力对私人消费和投资有挤出效应。

许伟、陈斌开(2009)基于包含银行部门的 DSGE 模型,通过脉冲响应分析和方差分解,认为我国产出的波动主要是由技术冲击导致的,通胀波动可由货币政策冲击解释。

李成、黎克俊、马文涛(2011)分析了房价和货币政策对中国宏观经济波动的影响。李成、马文涛、王彬(2009)分析了通货膨胀预期偏差等冲击对中国宏观经济波动的影响。

## 1.2.3　简要评述

纵观国内运用 DSGE 模型分析经济波动的研究,可以发现,所构建的 DSGE 模型多基于 RBC 理论,研究重点也是供给或需求冲击对中国经济波动的影响,即便在模型中加入货币因素,也由于中性货币而无法对货币政策影响经济波动给予客观评价。在少量基于新凯恩斯 DSGE 模型的经济波动研究中,由于模型构建相对简单(Schmitt-Grohe 称之为小型模型),无法全面识别导致我国经济波动的多个因素。

此外,国内文献普遍采用校准参数的研究方法,通过模拟变量的二阶矩与实际数据进行比较以验证外生冲击对经济波动的解释程度,研究手段较为单一,与国外研究存在较大差距,国外运用 DSGE 模型进行研究时,多采用贝叶斯或极大似然方法估计模型参数,并运用脉冲响应分析和方差分解衡量外生冲击对经济波动的影响程度。

基于此,本项研究拟改进上述国内 DSGE 研究的缺陷,考虑外生消费习惯、投资调整、工资粘性等名义和实际摩擦,以及房价等当今中国经济的热点,构建更加符合中国经济特征的 DSGE 模型,探索中国的经济波动来源,以期丰富国内现有的 DSGE 模型研究。

# 1.3  研究目标和内容

## 1.3.1  研究目标

本项研究基于新凯恩斯 DSGE 模型研究中国的经济波动问题,主要探讨房价、货币政策、财政政策等对中国经济波动的影响。

## 1.3.2  研究内容

本项研究共由 6 章构成,其主要内容如下:

第 1 章为绪论,主要介绍了本项研究的选题背景、研究意义、文献综述,以及本项研究的研究目标、内容和研究方案。

第 3 章以新凯恩斯主义理论为基础,构建了包含名义价格粘性、名义工资粘性以及货币政策采取简单供应量规则、财政政策等特征的动态随机一般均衡模型(DSGE),在校准 DSGE 模型结构参数的基础上,采用脉冲响应模型分析和比较了货币供应量、政府购买支出、价格加成、工资加成等外生随机扰动对我国产出、通货膨胀等主要经济变量的影响,探讨了我国经济波动的主要冲击源和财政、货币政策之间的交互作用。

第 4 章拓展和修订了第 4 章所构建的 DSGE 模型,将模型中的家庭和生产商分别划分为两类,引入房地产部门和房价,在修订的泰勒规则下考察了利率、房价、消费品生产率以及房地产生产率等随机扰动对中国经济波动的影响。

第 5 章进一步拓展了第 3 章的 DSGE 模型,不仅将家庭和生产商划分为两类,还将劳动市场两分,即假定储蓄的家庭在垄断竞争生产供给劳动,对其劳动价格具有市场势力,而借贷的家庭是其劳动价格的接受者,同时,再次引入了盈利性的金融中介部门进而将贷款纳入了模型,模拟分析了利率、贷款、消费品价格加成、工资加成、房价加成、消费品生产率以及房地产生产率等冲击对中国经济波动的影响,并探讨了不同房地产抵押贷款率对货币政策调控房价效应的影响。

第 6 章是本项研究的结论部分,并提出了未来进一步的研究展望。

# 1.4 研究方案

本项研究的具体技术路线如下图 1.1 所示：

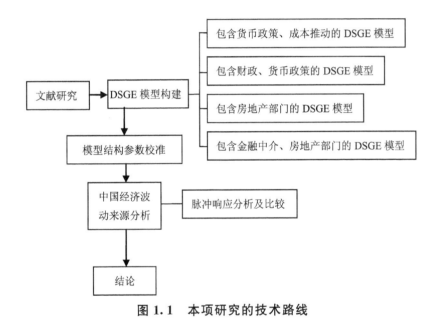

**图 1.1 本项研究的技术路线**

# 第2章 货币供给、成本推动与中国经济波动模拟

　　本章及之后的第3～5章均为本项研究应用动态随机一般均衡模型(DSGE)分析各随机外生冲击对我国经济波动影响的章节,这4章实证研究共同构成了本项研究的主体。这4章实证研究所构建的动态随机一般均衡模型(DSGE)均是以新凯恩斯主义理论为基础,因此,在设定DSGE模型时,均假定了价格和/或工资具有名义粘性,并包含理性预期思想和宏观政策部门(货币政策和/或财政政策)。本项研究关于各随机冲击对我国经济波动的影响效应,均在校准DSGE模型结构参数的基础上,运用脉冲响应图进行模拟分析和比较。本章的DSGE模型中,货币政策采取简单货币供应量规则。此外,为了使本章所采用的DSGE模型能够更好地刻画我国的经济波动,并使研究更为准确和可信,本章在设定DSGE模型时,除了假定货币政策存在外生随机冲击外,还假定了经济中存在其他几种随机扰动,包括技术冲击、投资调整成本冲击、消费偏好冲击、工资加成冲击和价格加成冲击。

　　本章的结构安排如下:第2.1节为包含货币政策(即货

币供给)、两个成本推动冲击的新凯恩斯主义动态随机一般均衡模型(DSGE)的构建。第 2.2 节将非线性的 DSGE 模型转化线性的。第 2.3 为基于模拟分析需要,对 DSGE 模型结构参数的校准。第 2.4 节在校准模型参数的基础上,运用脉冲响应图对货币供给、价格加成、工资加成及其他几个外生随机冲击影响我国经济波动的数量效应进行模拟分析和比较。第 2.5 节为本章小结。

# 2.1 包含货币供给、成本推动冲击的 DSGE 建模

　　本章的模型主要采取了 Smets & Wouters(2003)和 Ireland(1997)的形式,但与 Smets & Wouters(2003)不同的是,本文将实际余额需求引入了家庭的效用函数中,且不考虑外生消费习惯及非指数化名义粘性工资和价格(Smets & Wouters(2003)采用的是部分指数化);与 Ireland(1997)模型不同的是本文将粘性名义工资及投资调整成本纳入了模型框架,且采用 Calvo(1983)的"价格调整信号"引入名义粘性,而 Ireland(1997)是通过用价格调整成本引入名义价格粘性的。本章的模型包含了 3 个经济主体:代表性家庭、代表性生产商(包括两类:最终产品生产商和中间产品生产商),以及货币政策机构——中央银行。

　　在每一期 $t=0,1,2,\cdots$,代表性家庭 $j(j\in(0,1))$ 从最终产品生产商那里购买商品,并将劳动和资本供给给中间

产品生产商。由于每个家庭供给的劳动是有差别的,从而
劳动市场是垄断竞争的,家庭可以决定其劳动的价格,即工
资。而资本则在完全竞争市场上供给。家庭的收入除了消
费、投资于中间产品生产商之外,还可以持有金融资产现金
或者债券。

最终产品生产商从中间产品生产商购买连续的中间产
品,并将其作为投入要素以生产最终产品。最终产品生产
商在完全竞争市场生产,因此将作为投入要素的中间产品
的价格视为既定,且对最终产品的价格没有控制力度,最终
产品价格完全取决于市场供求。

代表性中间产品生产商 $i(i \in (0,1))$ 使用从代表性家
庭购买的劳动和资本生产中间产品 $i$。由于中间产品 $i$ 在
最终产品生产中并不是完全替代的,从而中间产品市场是
垄断竞争的,代表性中间产品生产商 $i$ 是商品 $i$ 的价格决
定者。

此外,货币政策当局——中央银行通过变动货币供给
干预经济。

## 2.1.1　代表性家庭的优化行为

假定经济中具有无限寿命的代表性家庭是连续的,用
$j$ 表示,$j \in (0,1)$。在每一期 $t = 0,1,2,\cdots$,代表性家庭 $j$
需作出一系列决策以最大化其一生的效用。这些决策包
括:消费决定、资本积累决定、投资决定、工资决定即劳动供
给决定,以及资产持有决定(金融资产中,债券和现金各持

有多少）。假定家庭在消费和资产持有方面是同质的，而在工资决定即劳动供给方面是异质的。[①]

代表性家庭 $j$ 的效用函数为：

$$E_0 \sum_{t=0}^{\infty} \beta^t \left\{ b_t \left( \frac{\sigma}{\sigma-1} C_t^{\frac{\sigma-1}{\sigma}} + \frac{\gamma}{\gamma-1} \left(\frac{M_t}{P_t}\right)^{\frac{\gamma-1}{\gamma}} - \frac{\phi}{\phi+1} N_t^{\frac{\phi+1}{\phi}} \right) \right\}$$

$$(2.1)$$

$\beta \in (0,1)$ 为家庭的随机贴现因子，式(2.1)说明代表性家庭最大化的是其一生效用的现值。

参数 $\sigma$、$\gamma$、$\phi$ 均大于 0，其中 $\sigma$ 为消费的跨期替代弹性；$\gamma$ 为货币需求的利率弹性；$\phi$ 为家庭的劳动供给弹性；消费偏好冲击 $b_t$ 为 $AR(1)$ 过程：

$$\ln b_t = (1-\rho_b)\ln b + \rho_b \ln b_{t-1} + \eta_t^b$$

$$(2.2)$$

其中 $\rho_b \in (-1,1)$，$\eta_t^b$ 是具有 0 均值、标准误为 $\sigma_b$ 的 $i.i.d.$ 正态分布。家庭在最大化其一生效用时受到的跨期预算约束为：

$$P_t(C_t + I_t) + \frac{1}{R_t}B_t + M_t \leqslant M_{t-1} + B_{t-1} + W_t N_t + Div_t$$
$$+ R_t^k u_t K_t - P_t f(u_t) K_t + \mathrm{T}_t$$

$$(2.3)$$

其中，消费 $C_t$、劳动供给 $N_t$、投资 $I_t$、资本 $K_t$ 均为实际变量；$B_t$ 为家庭在 $t$ 期以价格 $1/R_t$ 购买的一次性债券的数

---

① Erceg, Henderson & Levin(2000) 通过引入一次性(one-period)债券保证了均衡时家庭在消费和资产持有方面是同质的。

量,$R_t$ 为名义的债券总收益率;$B_{t-1}$ 为家庭 $t-1$ 期购买的债券在 t 期初的本息和;$T_t$ 为中央银行给予家庭的一次性转移支付;$M_{t-1}$、$K_t$ 分别为家庭在进入 $t$ 期时持有的现金和资本;$M_t$ 为 $t$ 期末持有的现金,$W_t$ 为名义工资;$Div_t$ 为家庭从中间产品生产商那里获得的红利;$R_t^k$ 为名义的资本使用价格,$u_t$ 为资本利用率,$p_t f(u_t) K_t$ 为名义资本使用成本,从而净资本出租回报为 $R_t^k u_t K_t - P_t f(u_t) K_t$,即资本出租回报不仅取决于出租的资本量,还取决于资本利用率 $u_t$。根据 CEE(2003),假定稳态时资本利用率 $u_t=1$,资本使用成本 $f(1)=0$。

代表性家庭 $j$ 的资本积累方程为:

$$K_{t+1} = (1-\delta) K_t + \left[ 1 - S\left( \frac{z_t I_t}{I_{t-1}} \right) \right] I_t$$

(2.4)

其中,$\delta$ 为资本折旧率,$S(\cdot)$ 为投资调整成本,且是投资变化的增函数。根据 Smets & Wouters(2003),假定稳态时 $S(\cdot) = S'(\cdot) = 0$,从而投资调整成本仅取决于 $S(\cdot)$ 的二阶导数。投资调整成本冲击 $z_t$ 为 $AR(1)$ 过程:

$$\ln z_t = (1-\rho_z) \ln z + \rho_z \ln z_{t-1} + \eta_t^z$$

(2.5)

其中,$\rho_z \in (-1,1)$,$\eta_t^z$ 是具有 0 均值、标准误为 $\sigma_z$ 的 $i.i.d.$ 正态分布。

在(2.3)、(2.4)的约束下,代表性家庭 $j$ 通过决定 $C_t$、$M_t/P_t$、$B_t$、$K_t$、$u_t$、$I_t$ 的数量以最大化其效用函数(2.1),构建拉格朗日函数为:

$$L = E_t \sum_{t=0}^{\infty} \beta U\left(C_t, \frac{M_t}{P_t}, N_t\right) + \beta^t \lambda_t$$

$$[M_{t-1} + B_{t-1} + W_t N_t + Div_t + R_t^k u_t K_t - P_t f(u_t) K_t + T_t]$$

$$+ \beta^t \lambda_t \left[ -P_t(C_t + I_t) - \frac{1}{R_t} B_t - M_t + P_t Q_t \cdot \right.$$

$$\left. \left\{ (1-\delta)K_t + \left[ 1 - S\left(\frac{z_t I_t}{I_{t-1}}\right) \right] I_t - K_{t+1} \right\} \right]$$

则可得各一阶条件如下：

$$b_t C_t^{-\frac{1}{\sigma}} - \lambda_t P_t = 0$$

$$(2.6)$$

$$b_t \left(\frac{M_t}{P_t}\right)^{-\frac{1}{\gamma}} + \beta P_t E_t \{\lambda_{t+1}\} - \lambda_t P_t = 0$$

$$(2.7)$$

$$\beta E_t \{\lambda_{t+1}\} - \lambda_t \frac{1}{R_t} = 0$$

$$(2.8)$$

$$\beta E_t \{\lambda_{t+1}(R_{t+1}^k u_{t+1} - f(u_{t+1}) + P_{t+1} Q_{t+1}(1-\delta))\} - \lambda_t P_t Q_t = 0$$

$$(2.9)$$

$$R_t^k = P_t f'(u_t)$$

$$(2.10)$$

$$Q_t \left[ 1 - S\left(\frac{z_t I_t}{I_{t-1}}\right) \right] = 1 + Q_t S'\left(\frac{z_t I_t}{I_{t-1}}\right)\frac{z_t I_t}{I_{t-1}} - \beta E_t$$

$$\left\{ Q_{t+1} \frac{\lambda_{t+1}}{\lambda_t} \frac{P_{t+1}}{P_t} S'\left(\frac{z_{t+1} I_{t+1}}{I_t}\right)\frac{z_{t+1} I_{t+1}}{I_t}\frac{I_{t+1}}{I_t} \right\}$$

$$(2.11)$$

其中 $\lambda_t$ 为预算约束(2.3)式的拉格朗日乘子, 其含义为消费的边际效用；$Q_t$ 为(2.4)式的拉格朗日乘子，其含义为资本投资价值。此外，由于不同家庭提供的劳动是有差别的，从而劳动市场是垄断竞争的，家庭在劳动市场上是其所提供的劳动的价格决定者。根据 Kollmann(1997)、CEE (2003)以及 Smets & Wouters(2003)，采取 Calvo(1983)的方式引入粘性名义工资，即假定只有当家庭接收到随机的"工资调整信号"时，家庭才可以将其名义工资调整到最优。每一期家庭接收到"工资调整信号"的概率是常数，为 $1-\xi_w$，接收到调整信号的家庭 $j$ 在 $t$ 期将其最优名义工资制定为 $W_t^*$。此外，没有接收到"工资调整信号"的家庭保持其名义工资不变，即：

$$W_t(j) = W_{t-1}(j)$$

$$(2.12)$$

为得到家庭的最优工资 $W_t^*$ 的决定方程，假定经济中存在一个中间劳动雇佣者，它从家庭购买不同种类的劳动，然后打包卖给中间产品生产商。该中间劳动雇佣者通过决定每种劳动 $j$ 的最优购买数量以最大化其利润：

$$\Pi_t = W_t N_t - \int_0^1 W_t(j) N_t(j) dj$$

$$(2.13)$$

其中，$N_t(j)$ 为第 $j$ 种劳动的需求数量，$W_t(j)$ 为其价格。$W_t$ 为总的工资水平，中间劳动雇佣者的总劳动需求为：

$$N_t = \left( \int_0^1 N_t(j)^{\frac{\theta_t^w - 1}{\theta_t^w}} dj \right)^{\frac{\theta_t^w}{\theta_t^w - 1}}$$

$$(2.14)$$

其中,$\theta_t^w$ 为随时间而变化的劳动需求的工资弹性。则由中间劳动雇佣者利润最大化的一阶条件得到:

$$N_t(j) = \left(\frac{W_t(j)}{W_t}\right)^{-\theta_t^w} N_t$$

(2.15)

均衡时,中间劳动雇佣者的经济利润等于 0,则将 (2.15) 代入 (2.13) 式可得到总工资水平 $W_t$ 与第 $j$ 种劳动的价格 $W_t(j)$ 的关系,如下式:

$$W_t = \left[\int_0^1 W_t(j)^{1-\theta_t^w} dj\right]^{\frac{1}{1-\theta_t^w}}$$

$$= \left[\xi_w(\pi_{t-1}W_{t-1})^{1-\theta_t^w} + (1-\xi_w)W_t^{*1-\theta_t^w}\right]^{\frac{1}{1-\theta_t^w}}$$

(2.16)

假定代表性家庭 $j$ 在 $t$ 期制定最优工资 $W_t^*$ 之后没有再收到工资调整信号,则其 $t+k$ 期的工资为 $W_{t+k} = W_t^*$。在 (2.3) 式和 (2.15) 式的约束下,代表性家庭 $j$ 选择最优工资 $W_t^*$ 最大化其 $(t, t+k)$ 期之间的效用的现值之和:

$$\max E_t \sum_{k=0}^{\infty} (\beta\xi_w)^k U\left(C_{t+k/t}, \frac{M_{t+k/t}}{P_{t+k/t}}, N_{t+k/t}\right)$$

(2.17)

由一阶条件得到:

$$\sum_{k=0}^{\infty} (\beta\xi_w)^k E_t\left\{N_{t+k} U_c\left(\frac{W_t^*}{P_{t+k}}X_{tk} + \mu_{t+k}^w \frac{U_n}{U_c}\right)\right\} = 0$$

(2.18)

其中,$U_n = -b_{t+k}N_{t+k}^{\frac{1}{\phi}}$,$U_c = b_{t+k}C_{t+k}^{-\frac{1}{\sigma}}$。工资加成冲击

$\mu_{t+k}^{w}=\dfrac{\theta_{t+k}^{w}}{\theta_{t+k}^{w}-1}$，为 $AR(1)$ 过程：

$$\ln\mu_t^w = (1-\rho_{\mu^w})\ln\mu^w + \rho_{\mu^w}\ln\mu_{t-1}^w + \eta_t^{\mu^w}$$

$$(2.19)$$

其中，$\rho_{\mu^w}\in(-1,1)$，$\mu^w$ 为稳态时的工资加成比例，$\eta_t^{\mu^w}$ 是具有 0 均值、标准误为 $\sigma_{\mu^w}$ 的 $i.i.d.$ 正态分布。

## 2.1.2　生产商的优化行为

### 1. 最终产品生产商

最终产品市场是完全竞争的，生产商使用连续的中间产品 $Y_t(i)(i\in(0,1))$ 生产唯一的最终产品 $Y_t$。最终产品生产商的生产函数为：

$$Y_t = \left(\int_0^1 Y_t(i)^{\frac{\theta_t^p-1}{\theta_t^p}}di\right)^{\frac{\theta_t^p}{\theta_t^p-1}}$$

$$(2.20)$$

其中，$\theta_t^p$ 为可变的需求弹性。由于市场是完全竞争的，最终产品生产商将其生产的产品价格 $P_t$ 与投入中间品价格 $P_t(i)$ 视为给定。最终产品生产商在上式生产技术的约束下最大化其利润：

$$P_t Y_t - \int_0^1 P_t(i)Y_t(i)di$$

则由一阶条件得到最终产品生产商对第 $i$ 种中间投入产品的需求为：

$$Y_t(i) = \left(\frac{P_t(i)}{P_t}\right)^{-\theta_t^p} Y_t$$

$$(2.21)$$

将(2.21)代入(2.20)得到最终产品价格 $P_t$ 与中间产品价格 $P_t(i)$ 之间的关系为：

$$P_t = \left[\int_0^1 P_t(i)^{1-\theta_t^p} di\right]^{\frac{1}{1-\theta_t^p}}$$

$$(2.22)$$

## 2. 中间产品生产商

中间产品 $i \in (0,1)$ 是在垄断竞争市场生产,生产商的生产函数为：

$$Y_t(i) \leqslant A_t \tilde{K}_t(i)^\alpha N_t(i)^{1-\alpha}$$

$$(2.23)$$

其中,有效资本 $\tilde{K}_t(i) = u_t K_t(i)$, $N_t(i)$ 是投入的劳动数量,为式(2.14)所给出的所有 $j$ 种劳动的组合,技术冲击 $A_t$ 为 $AR(1)$ 过程：

$$\ln A_t = (1-\rho_a)\ln A + \rho_a \ln A_{t-1} + \eta_t^a$$

$$(2.24)$$

其中, $\rho_a \in (-1,1)$, $A$ 为稳态时的技术水平,等于 1, $\eta_t^a$ 是具有 0 均值、标准误为 $\sigma_a$ 的 $i.i.d.$ 正态分布。

根据边际成本等于要素价格除以其边际生产率可得中间产品生产商的实际边际成本为：

$$MC_t = \frac{1}{A_t}(r_t^k)^\alpha w_t^{1-\alpha} \alpha^{-\alpha}(1-\alpha)^{\alpha-1}$$

$$(2.25)$$

其中,实际资本使用价格 $r_t^k = R_t^k / P_t$,实际工资 $w_t = W_t / P_t$。结合式(2.25)和 $MC_t = \dfrac{w_t}{MPN_t} = \dfrac{w_t}{(1-\alpha)A_t(u_t K_t)^\alpha N_t(i)^{-\alpha}}$ 得到劳动需求方程[①]:

$$N_t(i) = (1-\alpha)\alpha^{-1} r_t^k u_t K_t w_t^{-1}$$

$$(2.26)$$

此处再次假定中间生产商定价时采用 Calvo(1983)的机制(见 CEE(2003),Smets & Wouters(2003)),即每一期,生产商将其产品名义价格调整为最优价格 $P_t^*$ 的概率为 $1-\xi_p$。这种价格调整能力不依赖于生产商或时间,而取决于生产商是否接收到了"价格调整信号"。当生产商不制定最优价格时,其产品价格保持不变,即:

$$P_t(i) = P_{t-1}(i)$$

$$(2.27)$$

$t$ 期制定最优价格的生产商选择最优价格 $P_t^*$ 最大化其在$(t,t+k)$之间利润的现值之和:

$$\max E_t \sum_{k=0}^{\infty} \xi_p^k \zeta_{t,t+k}(P_t^* X_{tk} - P_{t+k}(i)MC_{t+k})Y_{t+k}(i)$$

$$(2.28)$$

其中,贴现因子 $\zeta_{t,t+k} = \beta^k \dfrac{\lambda_{t+k}}{\lambda_t}$,稳态时,$\zeta_{t,t+k} = \beta^k$。则由利润最大化得到一阶条件:

---

① $MPN_t$ 为投入要素劳动的边际产出,即为生产函数(4.24)式对劳动 $N_t$ 的偏导。

$$\sum_{k=0}^{\infty} \xi_p^k \mathrm{E}_t \left\{ \zeta_{t,t+k} Y_{t+k}(i) \left( \frac{P_{t+k-1}}{P_{t-1}} P_t^* - \mu_{t+k}^p P_{t+k}(i) MC_{t+k} \right) \right\} = 0$$

$$(2.29)$$

其中,工资加成冲击 $\mu_{t+k}^p = \dfrac{\theta_{t+k}^p}{\theta_{t+k}^p - 1}$,为 $AR(1)$ 过程:

$$\ln\mu_t^p = (1 - \rho_{\mu^p})\ln\mu^p + \rho_{\mu^p}\ln\mu_{t-1}^p + \eta_t^{\mu^p}$$

$$(2.30)$$

其中,$\rho_{\mu^p} \in (-1,1)$,$\mu^p$ 为稳态时的价格加成比例,$\eta_t^{\mu^p}$ 是具有 0 均值、标准误为 $\sigma_{\mu^p}$ 的 $i.i.d.$ 正态分布。

### 2.1.3  货币政策部门的行为

当前我国货币政策部门——中国人民银行以货币供应量作为货币政策的中介目标,并且,本章研究的目标是考察货币供应量在我国经济中的传导,因此,假定中央银行制定和实施货币政策时采取简单货币供应量增长规则。定义货币供应量增长率 $\theta_t = M_t / M_{t-1}$,则货币政策规则为:

$$\ln\theta_t = (1 - \rho_\theta)\ln\theta + \rho_\theta\ln\hat{\theta}_{t-1} + \eta_t^\theta$$

$$(2.31)$$

其中,$\rho_\theta \in (-1,1)$,$\eta_t^\theta$ 是具有 0 均值、标准误为 $\sigma_\theta$ 的 $i.i.d.$ 正态分布。

## 2.2  对称均衡与对数线性化模型

对称均衡时,对于 $t=0,1,2,\cdots$,所有家庭的决策是一致的:制定相同的最优工资,积累同样的资本,持有相同的金融资产等。同时,所有生产商的决策也是相同的,则有 $P_t(i) = P_t, Y_t(i) = Y_t, N_t(i) = N_t, K_t(i) = K_t$,且生产商获得同等的利润。此外,市场均衡要求对于任何 $t = 0, 1, 2, \cdots, B_t = B_{t-1} = 0$ 和 $M_t = M_{t-1} + T_t$,从而由预算约束式(2.3)可得到总资源约束方程:

$$Y_t = C_t + I_t$$

$$(2.32)$$

稳态时,对于任何 $t = 0, 1, 2, \cdots$,所有的变量均为常数,即 $Y_t = Y, C_t = C, N_t = N, M_t = M, K_t = K, I_t = I, P_t = P, R_t^k = R^k, \pi_t = \pi = 1, A_t = A = 1, \mu_t^p = \mu^p, \mu_t^w = \mu^w, b_t = b, z_t = z$。相应地,定义 $\hat{x}_t = \ln(X_t/X)$ 为变量 $X_t$ 对其稳态值 $X$ 的对数偏离,则对数线性化形式的模型如下[①]:

----

① 非线性方程的线性化,参见李松华(2010)、徐高(2008)。对于非线性方程 $\phi(X_t, Y_t) = f(Z_t)$,在其稳态 $(X, Y)$ 处进行一阶泰勒展开得:

$$\phi(X, Y) + \frac{\partial \phi}{\partial X_t}(X) \cdot (X_t - X) + \frac{\partial \phi}{\partial Y_t}(Y) \cdot (Y_t - Y) = f(Z) + f_z(Z) \cdot (Z_t - Z)$$

而稳态时,$\phi(X, Y) = f(Z)$,则上述一阶泰勒展开可转化为:

$$\frac{\partial \phi}{\partial X_t}(X) \cdot X \cdot \frac{X_t - X}{X} + \frac{\partial \phi}{\partial Y_t}(Y) \cdot Y \cdot \frac{Y_t - Y}{Y} = f_z(Z) \cdot Z \cdot$$

$\frac{Z_t - Z}{Z}$。则利用变量 $X_t$ 对其稳态值的对数偏离 $\hat{x}_t = \ln(X_t/X) \simeq (X_t - X)/X$ 可得非线性方程 $\phi(X_t, Y_t) = f(Z_t)$ 的对数线性化形式为 $\frac{\partial \phi}{\partial X_t}(X) \cdot X \cdot \hat{x}_t + \frac{\partial \phi}{\partial Y_t}(Y) \cdot Y \cdot \hat{y}_t = f_z \cdot Z \cdot \hat{z}_t$。

由(2.6)式、(2.7)式、(2.8)式得到货币需求方程:

$$-\frac{1}{\gamma}\hat{m}_t + \frac{1}{\sigma}\hat{c}_t = \frac{\beta}{1-\beta}\hat{r}_t$$

(2.33)

(2.33)式说明货币需求与利率成反方向变化,即当利率下降时,出于投机性需要,货币需求增加;而货币需求与消费成同方向变化,这说明随着经济状况的改善(即总产出增加进而居民的收入增加),出于交易性需要,货币需求是增加的。

消费的欧拉方程,则由式(2.6)和(2.8)得到:

$$\hat{c}_t = E_t\{\hat{c}_{t+1}\} + \sigma(-\hat{r}_t + E_t\{\hat{\pi}_{t+1}\} - E_t\{\hat{b}_{t+1} - \hat{b}_t\})$$

(2.34)

(2.34)式为传统的前瞻性的消费方程,说明本期消费水平受未来消费的影响。同时,消费偏好的存在使得消费还受消费偏好冲击的影响,由(2.34)式可知,理论上该消费偏好冲击对消费的影响是正的。

资本投资价值方程由(2.6)式、(2.9)式和(2.10)式得到:

$$\hat{q}_t = \beta(1-\delta)E_t\{\hat{q}_{t+1}\} - \hat{r}_t + E_t\{\hat{\pi}_{t+1}\} + (1-\beta(1-\delta))E_t\{\hat{r}_{t+1}^k\}$$

(2.35)

(2.35)式说明资本投资价值与利率负相关,与预期通货膨胀率以及未来资本使用价格正相关。

投资方程由式(2.12)得到:

$$\hat{i}_t = \frac{\beta}{1+\beta}E_t\{\hat{i}_{t+1}\} + \frac{1}{1+\beta}\hat{i}_{t-1} + \frac{\psi}{1+\beta}\hat{q}_t + \frac{1}{1+\beta}E_t\{\beta\hat{z}_{t+1} - \hat{z}_t\}$$

(2.36)

其中 $\psi=1/s''(\cdot)$，为正数。(2.36)式说明投资正向取决于资本投资价值，而与资本投资调整成本冲击负相关。因为正的投资调整成本冲击意味着这投资成本上升，因此，正的投资调整成本冲击等同于负的投资冲击从而将降低投资。

由式(2.10)可得到对数线性化的实际资本使用价格与资本利用率的关系：

$$\hat{r}_t^k=\hat{u}_t/\psi_u$$

$$(2.37)$$

其中，$\psi_u=f'(1)/f''(1)$。

生产函数由式(2.23)和(2.37)得到：

$$\hat{y}_t=\hat{a}_t+\alpha\hat{k}_t+\alpha\psi_u\hat{r}_t^k+(1-\alpha)\hat{n}_t$$

$$(2.38)$$

资本演进方程(2.4)对数线性化为：

$$\hat{k}_{t+1}=(1-\delta)\hat{k}_t+\delta\hat{i}_t$$

$$(2.39)$$

由式(2.16)和(2.17)得到实际工资决定方程：

$$\hat{w}_t=\frac{1}{1+\beta}(\hat{\pi}_{t-1}+\hat{w}_{t-1})-\hat{\pi}_t+\frac{\beta}{1+\beta}E_t\{\hat{w}_{t+1}+\hat{\pi}_{t+1}\}$$

$$-\frac{(1-\beta\xi_w)(1-\xi_w)}{(1+\beta)\xi_w}\left(\hat{w}_t-\hat{\mu}_t^w-\frac{1}{\phi}\hat{n}_t-\frac{1}{\sigma}\hat{c}_t\right)$$

$$(2.40)$$

(2.40)式说明工资不仅取决于过去及预期工资的影响，还受到上一期、同期及预期未来通货膨胀的影响，特别是与本期通胀负相关。此外，正向工资加成冲击，以及经济的景气(即就业增加、消费增加)会导致实际工资水平的上升。

同样地,非指数化的通货膨胀方程由式(2.22)、(2.25)和(2.30)得到:

$$\hat{\pi}_t = \frac{1}{1+\beta}\hat{\pi}_{t-1} + \frac{\beta}{1+\beta}E_t\{\hat{\pi}_{t+1}\} + \frac{(1-\beta\xi_p)(1-\xi_p)}{(1+\beta)\xi_p}$$
$$(-\hat{a}_t + \alpha\hat{r}_t^k + (1-\alpha)\hat{w}_t + \hat{\mu}_t^p)$$

$$(2.41)$$

上式即为新凯恩斯主义的菲利普斯曲线:通货膨胀取决于过去和预期未来通货膨胀以及当期实际边际成本,且价格加成冲击也影响通货膨胀(正向价格加成冲击所导致的通货膨胀率的上升意味着经济中存在成本推动型通胀)。

产品市场均衡条件即总资源约束方程(2.32)可对数线性化为:

$$\hat{y}_t = \frac{\mu^p(1-\beta(1-\delta))-\alpha\beta\delta}{\mu^p(1-\beta(1-\delta))}\hat{c}_t + \frac{\delta\alpha\beta}{\mu^p(1-\beta(1-\delta))}\hat{i}_t$$

$$(2.42)$$

由上式的总资源约束方程可知,总产出正向取决于消费和投资的增加。

劳动需求方程由式(2.26)和(2.37)得到:
$$\hat{n}_t = \hat{k}_t - \hat{w}_t + (1+\psi_u)\hat{r}_t^k$$

$$(2.43)$$

模型中所包含的 5 个冲击,即方程(2.2)、(2.5)、(2.19)、(2.24)、(2.30)的对数线性化形式为式(2.44)—(2.48):

$$\hat{b}_t = \rho_b \hat{b}_{t-1} + \eta_t^b$$

$$(2.44)$$

$$\hat{z}_t = \rho_z \hat{z}_{t-1} + \eta_t^z$$

$$(2.45)$$

$$\hat{\mu}_t^w = \rho_{\mu^w} \hat{\mu}_{t-1}^w + \eta_t^{\mu^w}$$

$$(2.46)$$

$$\hat{a}_t = \rho_a \hat{a}_{t-1} + \eta_t^a$$

$$(2.47)$$

$$\hat{\mu}_t^p = \rho_{\mu^p} \hat{\mu}_{t-1}^p + \eta_t^{\mu^p}$$

$$(2.48)$$

货币政策规则和货币供给增长率的线性化形式为：

$$\hat{\theta}_t = \rho_\theta \hat{\theta}_{t-1} + \eta_t^\theta$$

$$(2.49)$$

$$\hat{\theta}_t = \hat{m}_t - \hat{m}_{t-1} + \hat{\pi}_t$$

$$(2.50)$$

上述方程(2.33)～(2.36)，(2.38)～(2.50)便构成了 DSGE 模型的对数线性化形式，下文的脉冲响应分析即是基于该对数线性化的 DSGE 模型进行的。

## 2.3　DSGE 模型结构参数校准

由于稳态时有 $\beta R = 1$，则根据我国 1999 年 1 季度— 2012 年 4 季度的 7 天银行间同业拆借利率的季末值将 $\beta$ 校准为 0.9701；借鉴李松华(2012)将生产函数中的资本份

额参数 $\alpha$ 校准为 0.41,将价格和工资粘性参数和分别校准为 0.8406 和 0.7427;借鉴李松华(2011)将投资调整成本 $\psi$ 和资本利用成本 $\psi_u$ 分别校准为 0.1829 和 0.1978;借鉴 Smets & Wouters(2003)将劳动供给的工资弹性参数 $\phi$ 校准为 0.42,将资本折旧率 $\delta$ 校准为 0.025;稳态的价格价格加成比例 $\mu$ 校准为 1.2,意味着稳态时中间产品的需求弹性 $\theta^p$ 为 6(稳态时 $\mu = \theta^p / (\theta^p - 1)$)。此外,外生随机冲击的持久性参数和标准误分别校准为 0.8 和 0.01。参数校准见表 2.1。

表 2.1　参数校准

| 参数 | 校准值 | 参数 | 校准值 | 参数 | 校准值 | 参数 | 校准值 |
|---|---|---|---|---|---|---|---|
| $\beta$ | 0.9701 | $\delta$ | 0.025 | $\alpha$ | 0.41 | $\phi$ | 0.42 |
| $\sigma$ | 0.3305 | $\psi$ | 0.148 | $\psi_u$ | 0.169 | $\mu$ | 1.2 |
| $\xi_w$ | 0.7427 | $\xi_p$ | 0.8406 | $\gamma$ | 0.4225 | | |

# 2.4　货币供给、成本推动影响中国经济波动的脉冲响应模拟

本部分将根据上文校准 DSGE 模型结构参数的基础上,运用脉冲响应来对货币供给、投资调整成本、技术、消费偏好以及两个成本推动冲击——价格加成和工资加成等 6 个外生冲击对中国实际经济的影响模拟和比较。图 2.1 至图 2.6 均为一个标准误正向冲击的脉冲响应,即各经济变

量对 1% 正向外生随机冲击的动态响应。

## 2.4.1 货币供给冲击的经济波动效应脉冲模拟

如图 2.1 所示,1% 的正向货币供给冲击即扩张性货币政策对经济的影响是高涨的:产出、消费和投资对冲击的响应是增加,通货膨胀对冲击的响应是上升。产出和消费对货币供给扩张的响应都是迅即增加了 1.8% 左右,随后缓慢回落,于第 8 期之后逐步收敛于 0;投资对冲击的正向响应是迅即增加 2%,于第 3 期达到峰值的 3% 左右,之后下降,于第 10 期下降为负值后逐步回升,于第 20 期收敛于 0;投资对货币扩张的正向响应来源于资本投资价值对冲击的正向响应,资本投资价值对冲击的正向响应是迅即增加了 4%,随后快速回落,于第 6 期后逐步收敛于 0;货币扩张导致了通货膨胀的上升,通货膨胀对冲击的正向响应于第 5 期达到峰值的 0.8%,随后缓慢回落,于 12 期之后逐步收敛于 0;经济的高涨导致了对劳动需求的增加,劳动需求即就业对冲击的正向响应是迅即达到峰值的 2% 左右,随后回落,于第 7 期后逐步收敛于 0;劳动市场的旺盛需求导致了实际工资的上升,实际工资对冲击的正向响应于第 3 期达到峰值的 1.8%,随后快速回落,于第 10 期后逐步收敛于 0;名义利率对货币扩张的响应也为正,通货膨胀和名义利率均上升说明费雪效应存在。由上文消费的欧拉方程可知,消费增加的原因在于通货膨胀上升的幅度大于名义利率的上升幅度,家庭由于金融资产债券的收益为负而将其收入更多的用于消费而非购买金融资产。

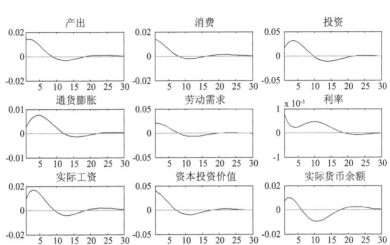

**图 2.1 货币供给冲击的经济波动效应**

## 2.4.2 投资调整成本冲击的经济波动效应脉冲模拟

如图 2.2 所示,1%的正向投资调整成本冲击,即负向投资冲击对经济的影响是消极的:产出、投资和通货膨胀等主要宏观经济变量均下降。尽管资本投资价值对正向投资调整成本冲击的响应是上升的,于第 8 期达到峰值的 0.3%左右,随后缓慢回落,于第 20 期后逐步收敛于 0;但由于投资调整成本冲击对投资的负向影响较大,从而投资是下降的,于第 4 期下降到谷底的 1%,之后回升,于第 18 期后收敛于 0;名义利率对正向投资调整成本冲击的响应是负的,而利率下降意味着债券回报率下降,从而消费和实际货币余额均增加,呈现先上升后下降的态势,消费于第 6 期上升到峰值的 0.03%,于第 12 期后下降为负值,实际货币余额于第 8 期上升到峰值 0.15%,于第 15 期下降为负值;尽管产出正向取决于消费和投资之和,由于投资的下降幅度远大于消费的增加,因此产出下降,于第 3 期下降到谷底的 0.15%,随后逐步回升,有脉冲响应可以看出,投资调整成本冲击对负向产出的影响较为持久,直到第 30 期还未收敛于 0。经济的不景气导致了劳动需求减少,进而实际工资水平下降。通货膨胀下降的原因在于实际工资和资本使用价格的下降,但下降的幅度较小,谷底为 0.035%。

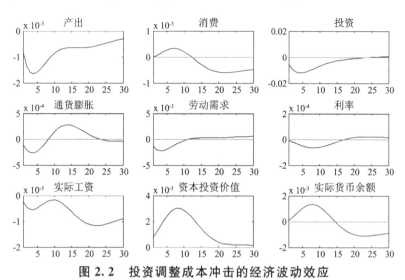

图 2.2　投资调整成本冲击的经济波动效应

## 2.4.3 技术冲击的经济波动效应脉冲模拟

如图 2.3 所示,1％的正向技术冲击即技术进步对经济的影响是积极的:产出、消费和投资等主要实际经济变量增加,而通货膨胀下降。名义利率对正向技术冲击的响应是下降,于第 8 期下降到谷底的 0.02％,随后逐步回升。名义利率下降,一方面,导致消费增加,于第 8 期左右上升到峰值的 0.4％,随后逐步回落,但消费对技术冲击的响应值一直大于 0,由此可见,技术进步对消费的正向影响较为持久;另一方面,名义利率下降使资本投资价值增加,于第 8 期左右达到峰值的 0.5％,随后快速回落,于第 13 期后逐步收敛于 0;资本投资价值增加进而导致投资,于第 9 期达到峰值的 2％,随后缓慢回落,于第 25 期逐步收敛于 0。消费和投资的增加又使得产出增加,产出于第 8 期上升到峰值 0.6％,随后缓慢回落,产出对冲击的正向响应较为持久。通货膨胀对技术进步的响应是下降,原因在于技术进步使生产商的实际边际成本下降,通货膨胀于第 3 期下降到谷底的 0.18％,随后快速回升,于第 12 期上升到正的 0.06％后回落,并于第 20 期收敛于 0。技术进步带来了经济的景气,但生产效率的提高导致了劳动需求下降 1.5％,随后快速回升,于第 7 期后收敛于 0;与劳动需求对冲击的负向响应不同,实际工资对技术进步的响应为正且较为持久,于第 10 期上升到峰值的 0.8％,随后缓慢回落。

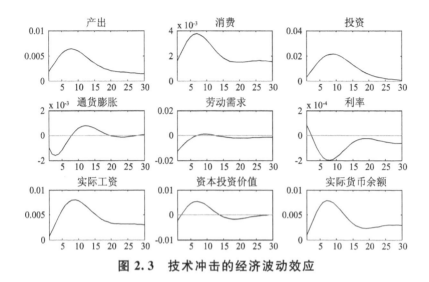

**图 2.3  技术冲击的经济波动效应**

## 2.4.4  消费偏好冲击的经济波动效应脉冲模拟

如图 2.4 所示,1% 的正向消费偏好冲击的影响是经济的高涨:产出、消费和通货膨胀均上升,尽管投资下降。由上文消费的欧拉方程可知,正向消费偏好冲击使得消费者的收入更多用于消费而减少了实际余额需求,消费对冲击的响应是迅即上升 0.3%,随后快速回落,于第 6 期后收敛于 0,由此可见,消费偏好冲击对消费的正向影响较为短暂。实际货币余额对冲击的负向响应于第 7 期下降到谷底的 0.18%,随后缓慢回升;名义利率与实际货币余额负相关,因此名义利率对冲击的响应是迅即上升到峰值的 0.025%,随后缓慢回落,于第 16 期后收敛于 0。名义利率上升使资本投资价值下降进而投资下降:资本投资价值对冲击的负向响应于第 6 期下降到谷底的 0.17%,随后快速回升,于第 13 期上升为正的,并于第 17 期后下降;投资对冲击的负向响应于第 7 期下降到谷底的 0.4%,随后回升,并于第 20 期收敛于 0。产出对冲击的呈现先增加后减少的态势,原因在于消费对产出的拉动作用小于投资下降对产出的负向作用,且消费的拉动作用不持久;产出对冲击的正向响应是迅即上升 0.2%,随后快速下降,于第 4 期下降为负的,并于第 8 期之后回升,于第 18 期收敛于 0。劳动需求对冲击的响应是先迅即上升 0.35%,然后快速下降,于第 4 期下降为负值,第 8 期后回升,并于第 15 期收敛于 0。实际工资对冲击的响应也是先上升后下降,于第 2 期达到峰值 0.18%左右,随后快速回落,于第 6 期下降为负的,随后尽管有所回升,但一直为负值。

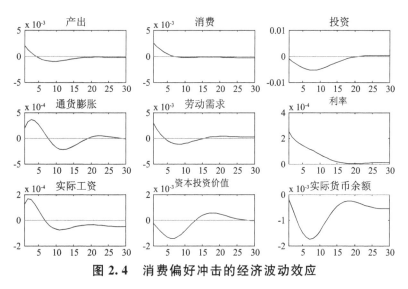

**图 2.4　消费偏好冲击的经济波动效应**

## 2.4.5　价格加成冲击的经济波动效应脉冲模拟

如图 2.5 所示,1％的正向价格加成冲击对经济的影响是消极的:产出、消费、投资和劳动需求等实际经济变量均下降,而通货膨胀上升。由上文的最优价格决定即通货膨胀方程可知,正的价格加成冲击导致通货膨胀上升,通货膨胀对冲击的正向响应于第 2 期上升到峰值的 0.08％,随后快速下降,第 6～16 期为负的,但于第 17 期后收敛于 0。由于费雪效应,名义利率对冲击的响应是上升,于第 6 期达到峰值的 0.01％,随后快速回落,于第 13 期后收敛于 0。名义利率上升,这一方面使消费减少,消费对冲击的负向响应于第 6 期下降到谷底的 0.11％,然后快速回升,于第 15 期后收敛于 0 附近;另一方面使资本投资价值下降进而投资减少,资本投资价值于第 5 期下降到谷底的 0.03％,然后回升,于第 12 期后上升为正的,投资对冲击的负向响应于第 6 期达到谷底的 0.7％,随后缓慢回升,于第 16 期收敛于 0。消费和投资下降最终导致了产出的减少,产出对冲击的负向响应于第 6 期达到谷底的 0.2％,随后缓慢回升,并于第 16 期后收敛于 0。劳动需求和实际工资对冲击的响应均为负,分别于第 5 期下降到谷底的 0.2％ 和 0.4％,随后逐步回升,冲击对劳动需求的负向影响相对短暂,于第 12 期后逐步收敛于 0,而实际工资则于第 20 期后逐步收敛于 0 附近。

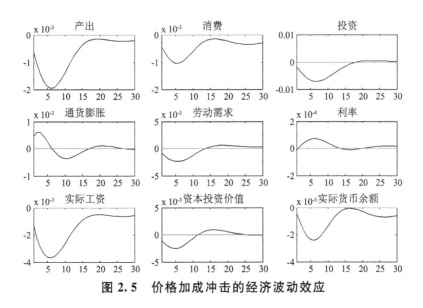

图 2.5　价格加成冲击的经济波动效应

## 2.4.6　工资加成冲击的经济波动效应脉冲模拟

如图 2.6 所示,1% 的正向工资加成冲击对经济的影响也是消极的:产出、消费、投资和劳动需求等实际经济变量均下降,而通货膨胀上升。由上文的最优工资决定方程可知,正的工资加成冲击导致实际工资上升,于第 2 期上升到峰值的 0.18%,随后快速回落,于第 9 期之后逐步收敛于 0。而由上文的通货膨胀决定方程可知,实际工资上升使通货膨胀上升,通货膨胀对正向工资加成冲击的正向响应于第 3 期达到峰值,随后逐步回落,并在第 7～14 期为负值。名义利率对冲击的正向响应于第 8 期达到峰值,随后逐步下降,于第 18 期收敛于 0。消费对冲击的负向响应于第 7 期下降到谷底的 0.05%,随后缓慢回升;投资对冲击的负向响应于第 9 期达到谷底的 0.3%,随后回升,于第 20 期收敛于 0;受消费和投资下降的影响,产出对冲击的响应也为负,于第 8 期达到谷底的 0.1%,随后逐步回升。由于劳动的价格即实际工资上升,所以劳动需求即就业下降,劳动需求对冲击的负向响应第 8 期达到谷底的 0.16%,随后快速回升,于 16 期后收敛于 0。

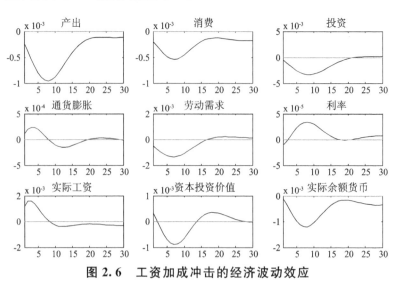

**图 2.6　工资加成冲击的经济波动效应**

由上述脉冲响应,经比较可知,货币供给和消费偏好两个随机冲击在带来产出增加的同时,导致了物价水平的上升;技术冲击对经济具有积极效应,导致产出增加,而通货膨胀下降;投资调整成本冲击导致产出和通货膨胀均下降,而两个成本推动冲击即价格加成和工资加成冲击均导致产出下降、通货膨胀上升。相对而言,对产出和通货膨胀影响最大的均是货币供给冲击,其次是技术和投资调整成本冲击;而消费偏好冲击对产出、通货膨胀的影响较弱;两个成本推动冲击对经济的影响极为微弱,尽管价格加成冲击对通货膨胀的影响仅次于货币供给冲击和技术冲击,特别是工资加成冲击对经济的影响最为微弱。

# 2.5  本章小结

本章以新凯恩斯主义理论为基础,通过构建一个包含价格、工资名义粘性的动态随机一般均衡模型(DSGE),考察了货币供给、消费偏好、技术、投资调整成本、两个成本推动——价格加成和工资加成等 6 个外生冲击对我国产出、通货膨胀等主要经济变量的影响,即其经济波动效应。研究发现:

(1)货币供给和消费偏好两个外生随机冲击到了经济的高涨:在带来产出增加的同时,导致了物价水平的上升;技术冲击对经济具有积极效应,导致产出增加,而通货膨胀下降;投资调整成本冲击导致产出和通货膨胀均下降,而两个成本推动冲击即价格加成和工资加成冲击均对经济具有消极影响:导致产出下降、通货膨胀上升。

(2)对产出和通货膨胀影响最大的均是货币供给冲击,其次是技术和投资调整成本冲击;而消费偏好冲击对产出、通货膨胀的影响较弱;两个成本推动冲击对经济的影响极为微弱,尽管价格加成冲击对通货膨胀的影响仅次于货币供给冲击和技术冲击,特别是工资加成冲击对经济的影响最为微弱。

本章研究的不足之处在于没有将财政政策、金融市场、房价等纳入分析的框架,因此所构建的 DSGE 模型还有待进一步拓展。下文的第 3～5 章即为本章 DSGE 模型的拓展。

# 第 3 章　财政、货币政策对中国经济波动的影响及其交互作用

　　本章是对第 2 章所构建的 DSGE 模型的简单拓展,在本章把财政政策、金融中介即信贷等因素纳入了 DSGE 模型的分析框架,同时考虑外生的消费习惯形成。本章的 DSGE 模型中,货币政策仍采取简单货币供应量规则,而财政政策则采取了包含预算赤字的自动稳定形式。

　　本章的结构安排如下:第 3.1 节引言部分简单回顾了国内外关于财政、货币政策影响宏观经济的文献。第 3.2 节为包含财政、货币政策的新凯恩斯主义动态随机一般均衡模型(DSGE)的构建。第 3.3 节为基于模拟分析需要,对 DSGE 模型结构参数的校准。第 3.4 节在校准模型参数的基础上,运用脉冲响应图对财政、货币政策及其他几个外生随机冲击影响我国经济波动的数量效应进行模拟分析和比较。第 3.5 节为财政、货币政策交互作用的模拟。最后一节为本章小结。

# 3.1 引言

经济不可避免地会遭受到各种因素的影响,而且当今世界各国均普遍实施财政和货币政策来干预经济运行,财政和货币政策对经济的影响不言而喻。财政、货币政策对经济的影响程度有多大,其他各种因素又发挥着怎样的作用,也就是经济波动的来源到底有哪些,对这一问题的探索,是当今宏观经济研究的重要主题之一。

关于财政政策影响经济波动的文献研究。Beetsma & Jensen(2005),Ratto et al. (2009)等,认为财政政策即政府购买支出对产出等实际经济变量具有真实效应。Beetsma & Jensen(2005)运用粘性价格、开放经济的 DSGE 考察财政稳定政策(即政府购买)的作用机制及其决定因素,认为产品的替代性越大、劳动供给弹性越小则越要求积极的财政政策。Ratto et al. (2009)运用包含金融摩擦的新凯恩斯 DSGE 模型的研究认为财政政策有效。

关于货币政策影响经济波动的文献研究,研究结论基本一致,即货币政策对宏观经济具有真实效应,如 Gali(1999),Gali & Gertler(1999),Erceg et al. (2000),Levin et al. (2005)等。Gali(2000)基于粘性价格 DSGE 的研究认为,货币政策对产出具有显著且持久的影响。Huang & Liu(2002)等基于粘性工资的新凯恩斯 DSGE 模型的研究认为货币政策对产出的效应较为持久。Kollman(2001)采用小国开放经济 DSGE 模型的研究认为,货币供给增加的汇率会导致产出增加,开放经济下货币政策具有真实效应。CEE(2005)证明了货币政策冲击可以解释通货膨胀惯性和产出的持续性。Atta-Mensah & Dib(2008)将金融中介机构纳入 DSGE 的框架,认为如果货币政策规则对通货膨胀会响应,即使价格是完全灵活的,货币政策仍具有真实效应。

关于经济波动其他来源的文献研究,King & Plosser(1984),Preseott(1986)等基于"灵活价格"RBC 理论的研究,认为技术冲击是经济波动的主要来源。Ireland(2004)认为需求偏好、成本推动和货币政策冲击都影响经济波动,甚至比技术冲击重要。SmetS & Wouters(2003)认为劳动供给和货币政策冲击是产出波动的主要来源,价格加成和货币政策冲击是通货膨胀波动的主要来源。Adolfson(2007)运用开放经济 DSGE 模型的研究表明,技术、偏好、劳动供给冲击解释了产出波动的大部分。此外,一些学者认为信用摩擦等金融因素对经济波动具有重要影响,如BGG(1999)。Castelnuovo & Nistico(2009)认为股票的财富效应对实际产出有较大促进作用。

对于中国经济波动的研究,学者们的观点不一。卜永祥、靳炎(2002)和黄颐琳(2006)基于 RBC 理论的研究认为技术冲击可以解释中国经济波动的大部分。李春吉、孟晓宏(2006)基于新凯恩斯主义动态随机一般均衡模型(DSGE)的研究则认为消费偏好、投资效率、技术、名义货币供给增长和政府支出等冲击都对中国的经济波动产生显著影响。刘斌(2008)基于开放经济的 DSGE 模型,检验了经济波动中的"金融加速器"作用。许伟、陈斌开(2009)基于包含银行部门的 DSGE 模型的研究认为我国产出波动主要来自于技术冲击,通胀波动主要来自于货币政策冲击。李成等(2011)分析了房价和货币政策对中国宏观经济波动的影响。

关于财政、货币政策交互作用的文献研究。Dixit & Lambertini(2001)基于一个财政、货币政策均对通货膨胀响应的模型的研究认为,当扩张性财政政策对产出和通货膨胀的影响方向一致时,财政政策和货币政策之间的关系是互补的。Buti,Roeger & in't Veld (2001)认为财政和货币政策的交互作用取决于冲击的类型,供给冲击导致财政、货币政策的响应方向相反,而财政、货币政策对需求冲击的响应方向则一致。Muscatelli,Tirelli & Trecroci(2003)基于新凯恩斯 DSGE 模型的研究认为,产出冲击时,财政和货币政策对冲击的响应方向一致,二者之间是互补的关系,而通货膨胀冲击时,财政和货币政策对冲击的响应方向相反,二者之间是替代关系。赵丽芬、李玉山(2006)基于中国数据的的实证检验认为,中国的财政和货币政策之间存在非对称性的关系,而非简单的替代或互补关系,即扩张性货币政策伴随着紧缩或稳健的财政政策,因而二者之间是替代关系;扩张性财政政策导致货币政策被动宽松,因而二者之间是互补关系。

纵观国内运用 DSGE 模型分析经济波动的研究,可以发现,尽管所构建的 DSGE 模型包含多种特性,关注了经济波动的多个来源,但较少在新凯恩斯 DSGE 框架下研究财政政策对经济波动的影响,同时现有文献较少关注财政和货币政策之间的关系。因此,本文通过构建一个包含货币政策、财政政策、金融中介部门和粘性价格、工资等特性的新凯恩斯 DSGE 模型,分析货币供应量、政府购买支出、贷款等 8 个外生随机扰动对我国经济波动的影响以识别中国经济波动的来源,并检验我国财政和货币政策之间的关系。

## 3.2　包含财政、货币政策的新凯恩斯 DSGE 模型构建

　　本部分的模型主要采取了李松华(2012,2013)的形式,同时财政政策借鉴了 Muscatelli,Tirelli & Trecroci(2004) 的形式。所建立的动态随机一般均衡模型(DSGE)包含 4 个部门:代表性家庭、代表性生产商、金融中介机构、宏观政策实施部门(包括中央银行和财政政策部门)。

　　在每一期 $t=0,1,2,\cdots$,代表性家庭 $j(j\in(0,1))$ 从最终产品生产商那里购买商品,并将劳动和资本供给给中间产品生产商。由于每个家庭供给的劳动是有差别的,从而劳动市场是垄断竞争的,家庭可以决定其劳动的价格,即工资。而资本则在完全竞争市场上供给。家庭的收入除了消费、投资于中间产品生产商之外,还可以持有金融资产——现金或者存款。

　　最终产品生产商从中间产品生产商购买连续的中间产

品,并将其作为投入要素以生产最终产品。最终产品生产商在完全竞争市场生产,因此将作为投入要素的中间产品的价格视为既定,且对最终产品的价格没有控制力度,最终产品价格完全取决于市场供求。

代表性中间产品生产商 $i(i \in (0,1))$ 使用从代表性家庭购买的劳动和资本生产中间产品 $i$。由于中间产品 $i$ 在最终产品生产中并不是完全替代的,从而中间产品市场是垄断竞争的,代表性中间产品生产商 $i$ 是中间产品 $i$ 的价格决定者。同时,代表性中间产品生产商使用从金融中介部门获得的贷款支付劳动的报酬,即工资。

金融中介机构在完全竞争市场上利用从代表性家庭吸取的存款和从中央银行获得的一次性转移支付来发放贷款。

此外,宏观政策部门通过实施政策以干预经济:货币政策当局——中央银行通过变动货币供应量干预经济,财政政策部门通过变动政府购买支出和税收干预经济。

## 3.2.1　代表性家庭的优化行为

经济中连续的具有无限寿命的代表性家庭 $j$ 在每一期通过消费、投资、金融资产持有以及劳动供给等决策来最大化其一生效用的现值。代表性家庭在消费和资产持有等决策方面是同质的,其效用函数采取如下可加可分的形式:

$$E_0 \sum_{t=0}^{\infty} \beta \left\{ v_t \left[ \frac{\sigma}{\sigma-1}(C_t - hC_{t-1})^{\frac{\sigma-1}{\sigma}} + \frac{\gamma}{\gamma-1}\left(\frac{M_t}{P_t}\right)^{\frac{\gamma-1}{\gamma}} - \frac{\phi}{\phi+1}N_t^{\frac{\phi+1}{\phi}} \right] \right\}$$

(3.1)

代表性家庭在最大化其一生效用现值时受到的跨期预算约束为：

$$P_t(C_t + I_t) + D_t + M_t \leqslant M_{t-1} + R_{t-1}D_{t-1} + W_t N_t + \prod_t$$
$$+ R_{k,t} u_t K_t - P_t f(u_t) K_t$$

(3.2)

其中,随机贴现因子 $\beta \in (0,1)$,$v_t$ 为 AR(1) 过程的消费偏好冲击;消费 $C_t$、劳动供给 $N_t$、投资 $I_t$、资本 $K_t$ 均为实际变量;$D_t$ 为家庭在 $t$ 期的存款,$R_{t-1}$ 为 1 元存款在 $t-1$ 期末的本息和;$M_t$ 为 $t$ 期末持有的现金,$W_t$ 为名义工资;$\prod_t$ 为家庭从中间产品生产商和金融中介机构获得的红利;$R_{k,t}$ 为名义的资本使用价格,$u_t$ 为资本利用率,净资本出租回报为 $R_{k,t} u_t K_t - P_t f(u_t) K_t$。根据 Smets & Wouters(2003),稳态时资本利用率 $u_t = 1$,资本使用成本 $f(1) = 0$。

代表性家庭的资本累积方程为：

$$K_{t+1} = (1-\delta)K_t + \left(1 - S\left(\frac{z_t I_t}{I_{t-1}}\right)\right) I_t$$

(3.3)

其中,$\delta$ 为资本折旧率,$z_t$ 为投资调整成本冲击,$S(\cdot)$ 为投资调整成本。稳态时 $S(\cdot) = S'(\cdot) = 0$,从而投资调整成本仅取决于 $S(\cdot)$ 的二阶导数。$z_t$ 为 AR(1) 过程：

$$\ln z_t = (1 - \rho_z)\ln z + \rho_z \ln z_{t-1} + \eta_{z,t}$$

$$(3.4)$$

其中，$\rho_z \in (-1, 1)$，$\eta_{z,t}$ 是具有 0 均值、标准误为 $\sigma_z$ 的 $i.i.d.$ 正态分布。

在(3.2)、(3.3)式的约束下，代表性家庭通过决定 $C_t$、$M_t/P_t$、$D_t$、$K_t$、$u_t$、$I_t$ 的数量以最大化其效用函数(3.1)式，通过构建拉格朗日函数得到一阶条件：

$$v_t(C_t - hC_{t-1})^{-\frac{1}{\sigma}} - \lambda_t = 0$$

$$(3.5)$$

$$v_t\left(\frac{M_t}{P_t}\right)^{-\frac{1}{\gamma}} + \beta E_t\left\{\lambda_{t+1}\frac{P_t}{P_{t+1}}\right\} - \lambda_t = 0$$

$$(3.6)$$

$$\beta E_t\left\{\lambda_{t+1}\frac{R_t}{P_{t+1}}\right\} - \lambda_t\frac{1}{P_t} = 0$$

$$(3.7)$$

$$\beta E_t\left\{\lambda_{t+1}\left(\frac{R_{t+1}^k}{P_{t+1}}u_{t+1} - f(u_{t+1}) + Q_{t+1}(1-\delta)\right)\right\} - \lambda_t Q_t = 0$$

$$(3.8)$$

$$R_{k,t}/P_t = f'(u_t)$$

$$(3.9)$$

$$Q_t\left(1 - S\left(\frac{z_t I_t}{I_{t-1}}\right)\right) = 1 + Q_t S'\left(\frac{z_t I_t}{I_{t-1}}\right)\frac{z_t I_t}{I_{t-1}} - \beta E_t$$

$$\left\{Q_{t+1}\frac{\lambda_{t+1}}{\lambda_t}\frac{P_{t+1}}{P_t}S'\left(\frac{z_{t+1} I_{t+1}}{I_t}\right)\frac{z_{t+1} I_{t+1}}{I_t}\frac{I_{t+1}}{I_t}\right\}$$

$$(3.10)$$

其中，$\lambda_t$ 为预算约束(3.2)式的拉格朗日乘子，$Q_t$ 为

(3.3)式的拉格朗日乘子,含义为资本投资价值,即托宾的"Q"。

家庭在垄断竞争的劳动市场上供给劳动,并是劳动价格的决定者。根据 Calvo(1983),每一期家庭将其最优名义工资制定为 $W_t^*$ 的概率 $1-\xi_w$,没有接收到信号的家庭则保持其工资水平不变。经济对代表性家庭 $j$ 的劳动需求为 $N_t(j) = \left(\dfrac{W_t(j)}{W_t}\right)^{-\vartheta_{w,t}} N_t$。其中,$N_t$ 为总劳动需求,$W_t$ 为总工资水平,$\vartheta_{w,t}$ 为劳动需求弹性。假定代表性家庭在 $t$ 期制定最优工资 $W_t^*$ 之后直到 $t+k$ 都没有变动其工资,则代表性家庭通过决定最优工资 $W_t^*$ 最大化其 $(t,t+k)$ 期之间的效用的现值之和:

$$\max \mathrm{E}_t \sum_{k=0}^{\infty} (\beta \xi_w)^k U\left(C_{t+k/t}, \frac{M_{t+k/t}}{P_{t+k/t}}, N_{t+k/t}\right)$$

由一阶条件,可得最优工资决定方程:

$$\sum_{k=0}^{\infty} (\beta \xi_w)^k \mathrm{E}_t \left\{ N_{t+k}\lambda_{t+k}\left(\frac{W_t^*}{P_{t+k}} - \mu_{w,t+k}\frac{N_{t+k}^{1/\phi}}{\lambda_{t+k}}\right)\right\} = 0$$

$$(3.11)$$

其中,工资加成冲击 $\mu_{w,t+k} = \dfrac{\vartheta_{w,t+k}}{\vartheta_{w,t+k}-1}$,为 AR(1) 过程:

$$\ln\mu_{w,t} = (1-\rho_{\mu_w})\ln\mu_w + \rho_{\mu_w}\ln\mu_{w,t-1} + \eta_{\mu_w,t}$$

$$(3.12)$$

其中,$\rho_{\mu_w} \in (-1,1)$,$\mu_w$ 为稳态时的工资加成比例,$\eta_{\mu_w,t}$ 是具有 0 均值、标准误为 $\sigma_{\mu_w}$ 的 $i.i.d.$ 正态分布。

## 3.2.2　生产商的优化行为

经济中的生产商有两类:最终生产商和中间生产商。

### 1. 最终生产商

完全竞争的最终生产商使用连续的中间产品 $Y_t(i)$ ($i \in (0,1)$),并采取技术 $Y_t = \left( \int_0^1 Y_t(i)^{\frac{\vartheta_{p,t}-1}{\vartheta_{p,t}}} di \right)^{\frac{\vartheta_{p,t}}{\vartheta_{p,t}-1}}$ 生产唯一的最终产品 $Y_t$。由零经济利润可得其对中间产品的需求为 $Y_t(i) = \left( \dfrac{P_t(i)}{P_t} \right)^{-\vartheta_{p,t}} Y_t$。

### 2. 中间生产商

垄断竞争的中间生产商 $i$ 采取如下技术生产中间产品 $Y_t(i)$:

$$Y_t(i) \leqslant A_t \widetilde{K}_t(i)^\alpha N_t(i)^{1-\alpha}$$

$$(3.13)$$

其中,有效资本 $\widetilde{K}_t(i) = u_t K_t(i)$,$N_t(i)$ 是投入的劳动数量,是所有 $j$ 种劳动的组合。假定中间生产商用贷款支付工资,则有 $L_t(i) \leqslant W_t N_t(i)$。$A_t$ 为 AR(1) 过程的技术冲击:

$$\ln A_t = (1-\rho_a)\ln A + \rho_a \ln A_{t-1} + \eta_{a,t}$$

$$(3.14)$$

其中,$\rho_a \in (-1, 1)$,$A$ 为稳态时的技术水平,等于 1,$\eta_{a,t}$ 是具有 0 均值、标准误为 $\sigma_a$ 的 $i.i.d.$ 正态分布。

由最优要素使用原则,可得中间生产商的劳动需求方程:

$$N_t(i) = \alpha^{-1}(1-\alpha)(w_t R_{l,t})^{-1}\widetilde{K}_t(i)r_{k,t}$$

$$(3.15)$$

其中,实际资本使用价格 $r_{k,t} = R_{k,t}/P_t$,实际工资 $w_t = W_t/P_t$,$R_{l,t}$ 为 1 元贷款到期支付的数额。

垄断竞争的中间生产商 $i$ 是其提供的中间产品的价格决定者。根据 Calvo(1983),每一期中间生产商将其产品价格制定为最优价格 $P_t^*$ 的概率为 $1-\xi_p$,没有接收到价格调整信号的中间生产商则保持其价格不变。假定中间生产商在 $t$ 期制定最优价格 $P_t^*$ 后到 $t+k$ 期都保持不变,则中间生产商通过选择最优价格 $P_t^*$ 最大化其在 $(t, t+k)$ 之间利润的现值之和:

$$\max E_t \sum_{k=0}^{\infty} \xi_p^k \zeta_{t,t+k}(P_t^* X_{tk} - P_{t+k}(i)MC_{t+k})Y_{t+k}(i)$$

由一阶条件可得最优价格决定方程,即通货膨胀方程:

$$\sum_{k=0}^{\infty} \xi_p^k E_t\{\zeta_{t,t+k}Y_{t+k}(i)(P_t^* - \mu_{p,t+k}P_{t+k}(i)MC_{t+k})\} = 0$$

$$(3.16)$$

其中,贴现因子 $\zeta_{t,t+k} = \beta^k \dfrac{\lambda_{t+k}}{\lambda_t}$,价格加成冲击 $\mu_{p,t+k} = \dfrac{\vartheta_{p,t+k}}{\vartheta_{p,t+k}-1}$,实际边际成本 $MC_t = \alpha^{-\alpha}(1-\alpha)^{\alpha-1}A_t^{-1}r_{k,t}^{\alpha}$

$(w_t R_{l,t})^{1-\alpha}$。且价格加成冲击 $\mu_{p,t+k}$ 为 AR(1)过程：

$$\ln\mu_{p,t} = (1-\rho_{\mu_p})\ln\mu_p + \rho_{\mu_p}\ln\mu_{p,t-1} + \eta_{\mu_p,t}$$

(3.17)

其中，$\rho_{\mu_p} \in (-1,1)$，$\mu_p$ 为稳态时的工资加成比例，$\eta_{\mu_p,t}$ 是具有 0 均值、标准误为 $\sigma_{\mu_p}$ 的 $i.i.d.$ 正态分布。

## 3.2.3 金融中介机构的利润最大化行为

金融中介机构发放贷款的资金来源于家庭的储蓄 $D_t$ 和中央银行对其一次性的转移支付 $\triangle_t$。总贷款为各中间产品生产商的贷款之和，即 $L_t = \int L_t(i)di = \int W_t N_t(i)di$。金融中介机构的资金并不能全部用来发放贷款，即有 $L_t \leqslant \zeta_t(D_t + \triangle_t)$，$\zeta_t \in [0,1]$，表示金融中介机构吸纳的资金中可以用于放贷的部分。只要贷存款利差为正，金融中介机构会将其法定储备之外的资金全部用于放贷，则上述贷款约束取"="。其中，

$$\zeta_t = (Y_t/Y)^v S_t$$

(3.18)

其中，$S_t$ 为贷款冲击，为 AR(1)过程：

$$\ln S_t = (1-\rho_s)\ln S + \rho_s\ln S_{t-1} + \eta_{s,t}$$

(3.19)

其中，$\rho_s \in (0,1)$，稳态时 $s>0$，$\eta_{s,t}$ 是具有 0 均值、标准误为 $\sigma_s$ 的 $i.i.d.$ 正态分布。

由金融中介机构利润最大化的一阶条件得到：

$$(R_{l,t}-1)\zeta_t = R_t - 1$$

$$(3.20)$$

## 3.2.4 宏观经济政策部门的政策行为

### 1. 中央银行的货币政策

定义货币供给增长率 $\theta_t = M_t/M_{t-1}$，则假定中央银行的货币政策采取简单货币供应量规则：

$$\ln\theta_t = (1-\rho_\theta)\ln\theta + \rho_\theta\ln\theta_{t-1} + \eta_{\theta,t}$$

$$(3.21)$$

其中，$\rho_\theta \in (-1,1)$，货币供应量冲击 $\eta_{\theta,t}$ 为 0 均值、标准误为 $\sigma_\theta$ 的 $i.i.d.$ 过程。

### 2. 财政政策部门

根据 Muscatelli，Tirelli & Trecroci（2004），为体现财政政策的自动稳定机制，将预算赤字 $B_t$ 纳入了政府的购买支出 $G_t$ 和税收 $T_t$ 的响应函数：

$$\ln G_t = \gamma_g\ln G_{t-1} + \gamma_y\ln Y_t + \gamma_b\ln B_t$$

$$(3.22)$$

$$\ln T_t = \eta_T\ln T_{t-1} + \eta_y\ln Y_t + \eta_b\ln B_t$$

$$(3.23)$$

且，政府购买支出 $G_t$ 服从 AR(1)过程：

$$\ln G_t = (1-\rho_g)\ln G + \rho_g\ln G_{t-1} + \eta_{g,t}$$

$$(3.24)$$

其中,$\rho_g \in (-1,1)$,政府购买支出冲击 $\eta_{g,t}$ 为 0 均值、标准误为 $\sigma_g$ 的 $i.i.d.$ 过程。

## 3.2.5　对称均衡与对数线性化模型

对称均衡时,对于 $t=0,1,2\cdots$,所有家庭的决策是一致的:制定相同的最优工资,积累同样的资本、持有相同的储蓄、同等的消费等。同时,所有生产商的决策也是相同的,则有 $P_t(i)=P_t, Y_t(i)=Y_t, N_t(i)=N_t, K_t(i)=K_t$,且生产商获得同等的零利润。此外,市场均衡要求对于任何 $t=0,1,2\cdots$,$D_t=D_{t-1}=0$ 和 $M_t=M_{t-1}$,从而由预算约束(3.2)式得到总资源约束方程:

$$Y_t=C_t+I_t+G_t$$

$$(3.25)$$

稳态时,对于任何 $t=0,1,2\cdots$,所有的变量均为常数,即 $Y_t=Y, C_t=C, G_t=G, N_t=N, W_t=W, L_t=L, M_t=M$,$K_t=K, I_t=I, P_t=P, R_{k,t}=R^k, R_{l,t}=R_l, R_t=R, \pi_t=\pi=1$,$A_t=A=1, v_t=v, \mu_{p,t}=\mu^p, \mu_{w,t}=\mu^w, B_t=B, \theta_t=\theta=1$,$S_t=S, z_t=z$。相应地,定义 $\hat{x}_t=\ln(X_t/X)$ 为变量 $X_t$ 对其稳态值 $X$ 偏离的百分比,则对数线性化形式的模型如下:

### 1. 家庭

由(3.5)和(3.7)式得消费的欧拉方程:

$$\hat{c}_t = \frac{1}{1+h}E_t\{\hat{c}_{t+1}\} + \frac{h}{1+h}\hat{c}_{t-1} + \frac{\sigma(1-h)}{1+h}$$
$$(-\hat{r}_t + E_t\{\hat{\pi}_{t+1}\} - E_t\{\hat{v}_{t+1} - \hat{v}_t\})$$

$$(3.26)$$

外生习惯形成的存在,使得当期消费取决于过去和未来消费的加权平均,并受外生消费偏好冲击的正向影响。其中,AR(1)过程的消费偏好冲击为:

$$\hat{v}_t = \rho_v \hat{v}_{t-1} + \varepsilon_{v,t}$$

$$(3.27)$$

由(3.5)～(3.7)式得到实际货币需求方程:

$$\frac{1}{\gamma}\hat{m}_t = \frac{1}{\sigma(1-h)}(\hat{c}_t - h\hat{c}_{t-1}) - \frac{\beta}{1-\beta}\hat{r}_t$$

$$(3.28)$$

(3.28)式说明货币需求与名义利率成反方向变化,与当期消费同方向变化。

资本投资价值方程由(3.8)-(3.10)式得到:

$$\hat{q}_t = \beta(1-\delta)E_t\{\hat{q}_{t+1}\} - \hat{r}_t + E_t\{\hat{\pi}_{t+1}\} + (1-\beta(1-\delta))E_t\{\hat{r}_{k,t+1}\}$$

$$(3.29)$$

投资方程由(3.10)式得到:

$$\hat{i}_t = \frac{\beta}{1+\beta}E_t\{\hat{i}_{t+1}\} + \frac{1}{1+\beta}\hat{i}_{t-1} + \frac{\psi}{1+\beta}\hat{q}_t + \frac{1}{1+\beta}E_t\{\beta\hat{z}_{t+1} - \hat{z}_t\}$$

$$(3.30)$$

其中 $\psi = 1/s''(\cdot)$,正数,为投资调整成本参数。一个正的投资调整成本冲击,即负的投资冲击将降低投资。

资本演进方程(3.3)和投资调整成本冲击(3.4)式可分别对数线性化为:

$$\hat{k}_{t+1} = (1-\delta)\hat{k}_t + \delta\hat{i}_t$$

$$(3.31)$$

$$\hat{z}_t = \rho_z\hat{z}_{t-1} + \varepsilon_{z,t}$$

$$(3.32)$$

最优实际工资决定方程(3.11)式可对数线性化为:

$$\hat{w}_t = \frac{1}{1+\beta}(\hat{w}_{t-1}-\hat{\pi}_t) + \frac{\beta}{1+\beta}E_t\{\hat{w}_{t+1}+\hat{\pi}_{t+1}\} + \frac{(1-\beta\xi_w)(1-\xi_w)}{(1+\beta)\xi_w}$$

$$\left(\hat{\mu}_{w,t} + \frac{1}{\phi}\hat{n}_t + \frac{1}{\sigma(1-h)}(\hat{c}_t-h\hat{c}_{t-1}) - \hat{w}_t - \hat{v}_t\right)$$

$$(3.33)$$

其中,工资加成冲击(3.12)式的对数线性化形式为:

$$\hat{\mu}_{w,t} = \rho_{\mu w}\hat{\mu}_{w,t-1} + \varepsilon_{\mu_w,t}$$

$$(3.34)$$

## 2. 生产商

(3.13)式的生产函数可对数线性化为:

$$\hat{y}_t = \hat{a}_t + \alpha(\hat{k}_t + \psi_u\hat{r}_{k,t}) + (1-\alpha)\hat{n}_t$$

$$(3.35)$$

技术冲击(3.14)式可对数线性化为:

$$\hat{a}_t = \rho_a\hat{a}_{t-1} + \varepsilon_{a,t}$$

$$(3.36)$$

中间生产商的劳动需求方程(3.15)式可对数线性化为:

$$\hat{n}_t = -\hat{w}_t - \hat{r}_{l,t} + \hat{k}_t + (1+\psi_u)\hat{r}_{k,t}$$

$$(3.37)$$

最优价格决定即通货膨胀方程(3.16)式可对数线性化为：

$$\hat{\pi}_t = \beta E_t \{\hat{\pi}_{t+1}\} + \frac{(1-\beta\xi_p)(1-\xi_p)}{\xi_p}$$

$$(-\hat{a}_t + \alpha\hat{r}_{k,t} + (1-\alpha)(\hat{w}_t + \hat{r}_{l,t}) + \hat{\mu}_{p,t})$$

$$(3.38)$$

其中,价格加成冲击(3.17)式的对数线性化形式为：

$$\hat{\mu}_{p,t} = \rho_{\mu p}\hat{\mu}_{p,t-1} + \varepsilon_{\mu_p,t}$$

$$(3.39)$$

## 3. 金融中介机构

金融中介机构的 3 个方程(3.18)—(3.20)式对数线性化为：

$$\hat{\zeta}_t = \upsilon\hat{y}_t + \hat{s}_t$$

$$(3.40)$$

$$\hat{s}_t = \rho_s\hat{s}_{t-1} + \varepsilon_t^s$$

$$(3.41)$$

$$\hat{\zeta}_t + \frac{R_l}{R_l-1}\hat{r}_{l,t} = \frac{1}{1-\beta}\hat{r}_t$$

$$(3.42)$$

## 4. 宏观经济政策

中央银行的政策规则对数线性化为如下两式：

$$\hat{\theta}_t = \hat{m}_t - \hat{m}_{t-1} + \hat{\pi}_t$$

$$(3.43)$$

$$\hat{\theta}_t = \rho_\theta \hat{\theta}_{t-1} + \varepsilon_t^\theta$$

(3.44)

财政政策规则可对数线性化为：

$$\hat{g}_t = \gamma_g \hat{g}_{t-1} + \gamma_y \hat{y}_t + \gamma_b \hat{b}_t$$

(3.45)

$$\hat{\tau}_t = \eta_T \hat{\tau}_{t-1} + \eta_y \hat{y}_t + \eta_b \hat{b}_t$$

(3.46)

且，政府购买支出 $G_t$ 服从 AR(1)过程：

$$\hat{g}_t = \rho_g \hat{g}_{t-1} + \eta_{g,t}$$

(3.47)

总资源约束方程的线性化形式为：

$$\hat{y}_t = c_y \hat{c}_t + (1 - c_y - g_y)\hat{i}_t + g_y \hat{g}_t$$

(3.48)

其中，$c_y = \dfrac{C}{Y}$、$g_y = \dfrac{G}{Y}$ 分别为稳态时消费、政府购买支出与 GDP 的占比。

上述方程(3.26)～(3.48)构成了 DSGE 模型的对数线性化形式，下文的脉冲响应分析即基于该对数线性化的 DSGE 模型进行。

## 3.3　DSGE 模型结构参数校准

由于稳态时有 $\beta R = 1$，则根据我国 7 天银行间同业拆借利率的季度均值将 $\beta$ 校准为 0.99；根据中国 1999 年 1 季度～2012 年 4 季度的 GDP、消费和政府购买支出的数据，将消费和政府购买支出占 GDP 的比重分别校准为 0.3695 和 0.1421；借鉴李松华(2012)将生产函数中的资本份额参数 $\alpha$ 校准为 0.41，将外生消费习惯参数 $h$ 校准为 0.5879，将内生贷款参数 $\upsilon$ 校准为 1.1204，将价格和工资粘性参数分别校准为 0.8406 和 0.7427；借鉴 Smets & Wouters (2003)将劳动供给的工资弹性参数 $\phi$ 校准为 0.42，将资本折旧率 $\delta$ 校准为 0.025；借鉴胡爱华(2011)将财政政策的政府购买支出参数分别校准 0.7895、−0.3682 和 −2.008，税收参数分别校准为 0.6851、0.3881 和 1.0876。此外，外生随机冲击的持久性参数和标准误分别校准为 0.8 和 0.01。参数校准见表 3.1。

表 3.1　参数校准

| 参数 | 校准值 | 参数 | 校准值 | 参数 | 校准值 | 参数 | 校准值 | 参数 | 校准值 |
|---|---|---|---|---|---|---|---|---|---|
| $\beta$ | 0.99 | $\delta$ | 0.025 | $\alpha$ | 0.41 | $\phi$ | 0.42 | $\gamma$ | 0.1986 |
| $h$ | 0.5879 | $\psi$ | 0.148 | $\phi_u$ | 0.169 | $\upsilon$ | 1.1204 | $R_l$ | 1.025 |
| $\xi_w$ | 0.7427 | $\xi_p$ | 0.8406 | $\eta_T$ | 0.6851 | $\eta_b$ | 1.0876 | $\eta_y$ | 0.3881 |
| $\gamma_g$ | 0.7895 | $\gamma_y$ | −0.3682 | $\gamma_b$ | −2.008 | $g_y$ | 0.1421 | $c_y$ | 0.3695 |

# 3.4　财政、货币政策影响中国经济波动的脉冲响应模拟

本部分将在上文校准 DSGE 模型结构参数的基础上，

运用脉冲响应来对货币供应量、贷款、政府购买支出、价格加成、工资加成、投资调整成本、消费偏好和技术等 8 个冲击对中国的产出、通货膨胀等经济变量的影响进行模拟和比较。图 3.1~3.8 中的脉冲为各经济变量对 1‰正向外生冲击的动态响应过程。

## 3.4.1 技术冲击的经济波动效应脉冲模拟

如图 3.1 所示,正向技术冲击即技术进步对经济的影响是积极的。产出、消费和投资对冲击的响应为正,而通货膨胀的响应为负。投资对技术进步的响应是迅即增加并快速上升,于第 5 期达到峰值 0.72%,然后逐步回落于第 20 期以后逐步收敛于 0;消费对正向技术冲击的响应也是迅即增加并快速上升,于第 5 期达到峰值 0.14%,然后逐步回落于第 15 期以后基本保持在 0.05%左右;受消费和投资的影响,产出对冲击的响应也为正,先快速上升,于第 5 期达到峰值 0.4%,随后逐步回落于第 20 期后逐步收敛于 0 附近。通货膨胀对正向技术冲击的响应是迅即下降到谷底的 0.2%,随后快速回升,于第 6 期左右上升到正的 0.05%,然后快速下降于第 15 期左右收敛于 0。资本投资价值对冲击的响应为正,先上升后下降。名义存款和贷款利率对冲击的响应均为负。受经济景气的影响,税收对冲击的正向响应于第 4 期达到峰值 0.035%,之后逐步下降。技术进步导致就业即劳动需求迅即减少 1.4%,随后逐步回升,于第 15 期之后收敛于 0。

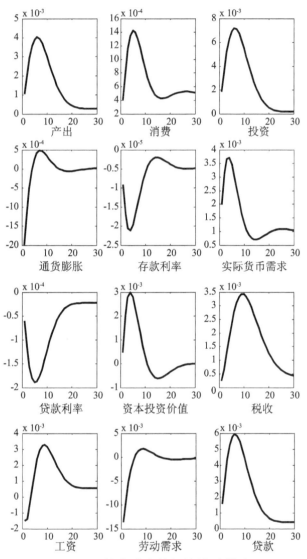

**图 3.1  技术冲击的经济波动效应**

## 3.4.2　消费偏好冲击的经济波动效应脉冲模拟

　　如图 3.2 所示,正向消费偏好冲击对经济的影响是正的。消费偏好加强导致消费迅即增加,第 3 期左右达到峰值 0.225%,随后逐步回落于第 20 期逐步收敛于 0;资本投资价值和投资对冲击的响应为负,分别于第 3、6 期下降到谷底,之后逐步回升;受消费增加的拉动,产出对冲击的正向响应于第 3 期达到峰值 0.06%,之后快速下降,第 10 期之后回升,并于第 20 期收敛于 0。通货膨胀对冲击的正向响应是迅即上升到峰值 0.012%,然后快速下降,于第 9 期后回升,并于 15 期左右收敛于 0。存款和贷款利率对冲击的响应为正。税收对冲击的正向响应是先上升后下降的,于第 7 期达到峰值 0.03%,之后逐步下降,于第 20 期收敛于 0。劳动需求和工资对冲击的响应均为正,分别于第 3 期达到峰值,随后下降。

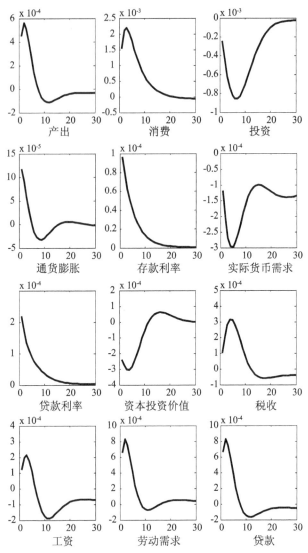

**图 3.2  消费偏好冲击的经济波动效应**

### 3.4.3　货币供给冲击的经济波动效应脉冲模拟

如图 3.3 所示,正向货币供应量冲击即增加货币供给对经济的影响是正的。消费、投资和产出对冲击的响应均为正,分别于第 2、3、3 期达到峰值 0.85%、2.7% 和 1.6%,随后逐步回落,于第 15 期左右分别收敛于 0。经济的高涨伴随着物价的上升,通货膨胀对货币供应量增加的响应是迅即上升到峰值的 1%,之后下降,于第 11 期左右收敛于 0。资本投资价值对冲击的响应是迅即上升了 4%,随后快速回落,于第 10 期以后逐步收敛于 0。税收对冲击的正向响应是快速增加的,于第 8 期达到峰值 1.2%,随后逐步回落。劳动需求和工资对冲击的正向响应先上升后下降。

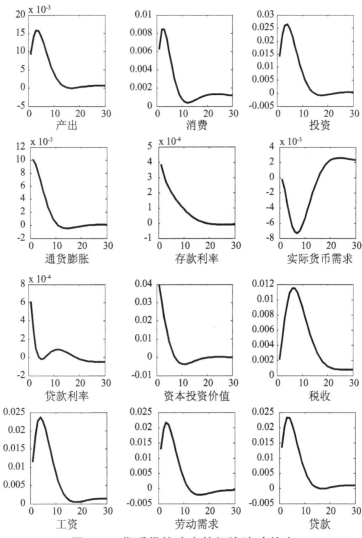

图 3.3　货币供给冲击的经济波动效应

## 3.4.4　贷款冲击的经济波动效应脉冲模拟

如图 3.4 所示,正向贷款冲击即贷款扩张对经济具有推动作用。消费和投资对冲击的响应是逐步上升的,于第 5 期分别达到峰值的 0.001% 和 0.004%,随后逐步回落。产出对冲击的正向响应也是先快速上升,于第 5 期达到峰值,随后逐步下降。通货膨胀对冲击的响应是迅即下降 0.0017%,随后快速回升于第 5 期之后回落,于第 12 期收敛于零。存款利率对冲击的响应先下降,第 3 期之后回升,于第 10 期之后收敛于零。贷款利率对冲击的响应为负。资本投资价值对冲击的正向响应是先上升,于第 5 期后快速回落。税收对冲击的正向响应是快速增加的,于第 10 期达到峰值 0.002%,随后回落。劳动需求和工资对冲击的响应为正。

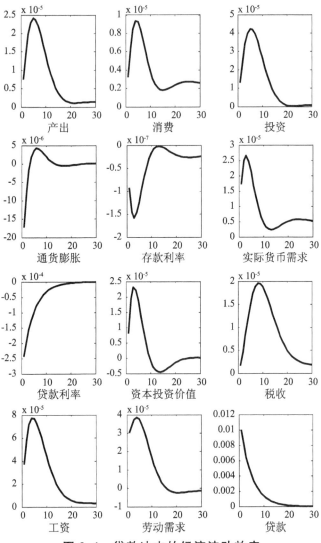

**图 3.4  贷款冲击的经济波动效应**

## 3.4.5　政府购买支出冲击的经济波动效应脉冲模拟

如图 3.5 所示,正向政府购买支出冲击即扩张性财政政策对整个经济的影响是积极的,尽管财政政策"挤出效应"的存在导致消费和投资下降。消费和投资对扩张性财政政策的响应是快速下降,分别于第 5 和 7 期下降到谷底 0.015%、0.065%,之后逐步回升,相对而言,投资对冲击的负面响应较大。财政政策的积极作用导致产出迅即增加 0.14%,随后快速回落,于第 10 期后收敛于 0。税收对冲击的响应为迅即下降 1.75%,随后快速回升。通货膨胀对冲击的正向响应是迅即上升 0.018%,随后回落,第 11 期之后回升。工资和劳动需求对冲击的响应方向均为正。资本投资价值是先下降,于第 5 期达到谷底,之后快速上升。

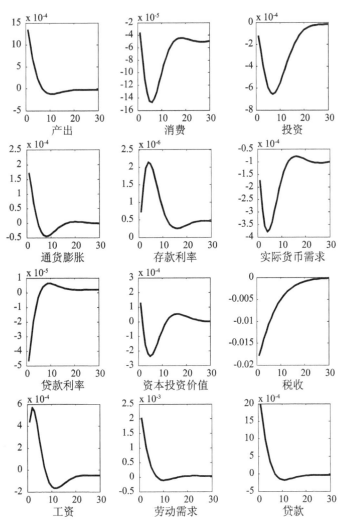

图 3.5 政府购买支出冲击的经济波动效应

## 3.4.6　投资调整成本冲击的经济波动效应脉冲模拟

如图 3.6 所示,正向投资调整成本冲击即负向投资冲击对经济的影响是负的。投资对冲击的响应是负的,呈现先下降,于第 4 期下降到谷底 0.8%,之后快速回升,于第 15 期后收敛于 0。消费对冲击的响应是正的,先上升于第 7 期达到峰值 0.12%,随后逐步回落,并在第 18 期后下降为负。产出对冲击的负向响应于第 3 期达到最大,下降 0.38%,随后逐步回升,于第 15 期后逐步收敛于 0。通货膨胀对冲击的响应是迅即下降 0.1%,之后快速回升,于第 7 期上升为正,第 10 期后回落,并于第 20 期后收敛于 0。受整个经济不景气的影响,税收、工资和劳动需求均下降,相反,资本投资价值对冲击的响应为正。

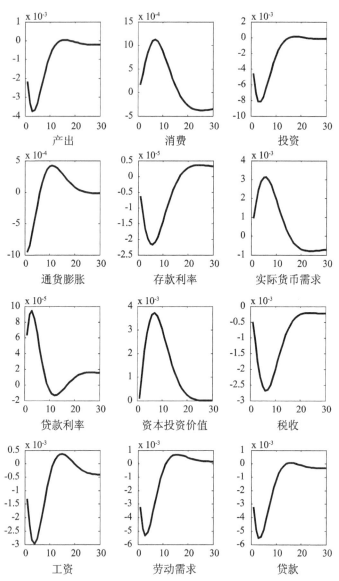

图 3.6  投资调整成本冲击的经济波动效应

## 3.4.7　价格加成冲击的经济波动效应脉冲模拟

如图 3.7 所示,正向价格加成冲击对经济的影响是负的。消费、投资和产出均下降:消费对冲击的负向响应于第 4 期达到最大,即下降 0.04%,随后逐步回升;投资对冲击的负向响应于第 5 期达到谷底的 0.28%,随后逐步回升于第 20 期收敛于 0;受消费和投资下降的影响,产出对冲击的响应是迅即下降 0.05%,并于第 5 期下降到谷底 0.15%,随后回升于第 20 期左右收敛于 0。通货膨胀对冲击的正向响应是迅即上升 0.08%,之后快速下降,于第 4 期下降为负,第 6 期之后回升,于第 15 期后收敛于 0。资本投资价值、税收、实际工资和劳动需求对冲击的响应也均为负。

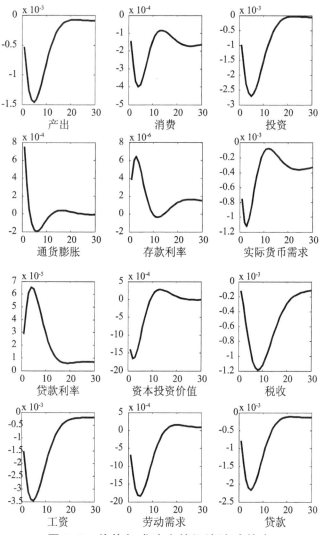

图 3.7　价格加成冲击的经济波动效应

### 3.4.8　工资加成冲击的经济波动效应脉冲模拟

如图 3.8 所示,正向工资加成冲击对经济的影响也是负的。冲击导致实际工资上升,而劳动需求减少。消费对冲击的负向响应于第 5 期下降到谷底 0.02%,之后回升。投资对冲击的负向响应于第 7 期达到最大,下降 0.11%,随后逐步回升。产出对冲击的响应也为负,产出的下降于第 7 期达到最大 0.06%,随后缓慢回升。通货膨胀对冲击的响应为迅即上升 0.02%,之后快速回落,于第 5 期下降为负,第 8 期后逐步回升,于第 15 期逐步收敛于 0。经济的不景气导致税收和资本投资价值均下降。

由上述脉冲响应,经比较可知,货币供应量、消费偏好和政府购买支出等 3 个冲击在带来产出增加的同时,导致了物价水平的上升;贷款和技术冲击对产出具有正效应,对通货膨胀具有负效应;投资调整成本冲击导致产出和通货膨胀均下降,而价格加成和工资加成冲击均导致产出下降、通货膨胀上升。相对而言,对产出和通货膨胀影响最大的均是货币供应量冲击,其次是技术和投资调整成本、价格加成冲击;而政府购买支出、消费偏好和工资加成冲击对产出、通货膨胀的影响较小,贷款冲击对经济的影响极为微弱。

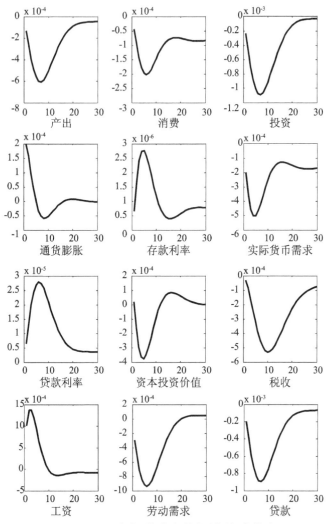

图 3.8　工资加成冲击的经济波动效应

# 3.5　财政、货币政策交互作用模拟

Muscatelli,Tirelli & Trecroci(2003)认为,如果产出冲击时财政政策和货币政策对冲击的响应方向一致,则二者之间是互补的;如果通货膨胀冲击时财政政策和货币政策对冲击的响应方向相反,则二者之间是相互替代的。

本部分对财政、货币政策交互作用的考察参考 Muscatelli,Tirelli & Trecroci(2003)的做法:首先在上文所建立的 DSGE 模型中加入 AR(1)过程的产出冲击和通货膨胀冲击,然后基于上文的模型结构参数校准值,进行仿真分析,其中产出和通货膨胀冲击的持久性参数分别校准为0.85,标准误校准为 1%。

如图 3.9 所示,产出发生 1%的正向冲击时,政府购买支出、税收、货币供应量对其的响应。政府购买支出对冲击的响应是增加的,而税收对冲击的响应是减少的,从而财政政策是扩张性的;货币供应量对冲击的响应是正的,从而货币政策也是扩张性的。因此,财政政策和货币政策是互补的。

类似地,如图 3.10 所示,政府购买支出对通货膨胀冲击的响应是负的,税收对冲击的响应是正的,从而财政政策是紧缩性的;货币政策对正向通货膨胀冲击的响应是正的,即货币政策是宽松的;由此说明财政和货币政策之间是相互替代的。该结论与 Muscatelli,Tirelli & Trecroci(2003)

一致。

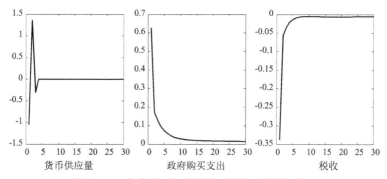

图 3.9　产出冲击对财政、货币政策的影响

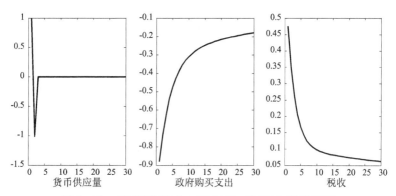

图 3.10　通货膨胀冲击对财政、货币政策的影响

# 3.6　本章小结

本章通过建立一个包含粘性价格、工资、货币和财政政策等特征的新凯恩斯动态随机一般均衡模型(DSGE),基于

相关研究结果和中国的经济数据校准了模型的结构参数,采用脉冲响应图分析了货币供应量、政府购买支出、贷款等 8 个外生随机扰动对中国经济波动的影响。研究发现:

(1)货币供应量、政府购买支出、贷款、技术和消费偏好等 5 个冲击对经济具有积极影响,其中,货币供应量、消费偏好和政府购买支出等 3 个冲击在带来产出增加的同时,导致了物价水平的上升;贷款和技术冲击对产出具有正效应,对通货膨胀具有负效应。价格加成、工资加成和投资调整成本等 3 个冲击对经济具有负向影响,其中投资调整成本冲击导致产出和通货膨胀均下降,而价格加成和工资加成冲击均导致产出下降、通货膨胀上升。

(2)对产出和通货膨胀影响最大的均是货币供应量冲击,其次是技术和投资调整成本、价格加成冲击;相对而言,政府购买支出、消费偏好和工资加成冲击对产出、通货膨胀的影响较小,贷款对经济的影响极为微弱。

(3)财政和货币政策之间存在不同的关系。产出冲击时,财政政策和货币政策对冲击的响应方向一致,二者之间是互补关系;而通货膨胀冲击时,财政政策和货币政策对冲击的响应方向相反,因而存在替代关系。

# 第4章 货币政策、房价与中国经济波动模拟

本章的动态随机一般均衡模型(DSGE)是对第3章模型的修订和拓展,与第3章的模型不同,本章的模型将家庭和生产商分别两分,即存在储蓄和借贷两类家庭、消费品和房地产两类生产商,并引入粘性房价,但假定劳动市场是完全竞争的,工资不存在粘性。本章的模型中宏观经济政策部门方面,假定只有采取修订泰勒规则的货币政策,而不包含具有自动稳定机制的财政政策,同时模型中纳入了房地产生产率、房价加成等外生随机冲击。

本章的结构安排如下:第4.1节为包含房地产部门和房价的新凯恩斯主义动态随机一般均衡模型(DSGE)的构建。第4.2节为DSGE模型结构参数校准。第4.3节在校准模型参数的基础上,运用脉冲响应图对货币政策、房价加成、价格加成、消费品生产率和房地产生产率等外生随机冲击影响我国经济波动的数量效应进行模拟分析和比较。最后一节为本章小结。

# 4.1　包含房地产部门和房价的 DSGE 建模

本章的模型是第 3 章模型的修订和简单拓展,同时借鉴了 Iacoviello(2005)的做法。本章所构建的 DSGE 模型包含三个经济主体:两分的代表性家庭,即储蓄的家庭和借贷的家庭;两分的代表性生产商,即一般消费品生产商和房地产生产商;货币政策实施部门,即中央银行。

## 4.1.1　代表性家庭的优化行为

假定经济中具有无限寿命的代表性家庭是连续的,而且可以划分为两类:一类是储蓄的家庭,一类是借贷的家庭,两类家庭之间的区别在于储蓄的家庭具有更高的贴现因子。此外,两类家庭的消费、房地产持有和货币持有具有同质性。

### 1. 储蓄家庭的优化行为

经济中代表性储蓄家庭的效用函数采用如下可加可分的形式:

$$E_0 \sum_{t=0}^{\infty} \beta \left\{ \frac{1}{1-\sigma_s} C_{s,t}^{1-\sigma_s} + \frac{1}{1-\phi_s} H_{s,t}^{1-\phi_s} + \frac{1}{1-\psi_s} \left( \frac{M_{s,t}}{P_t} \right)^{1-\psi_s} \right\}$$

$$(4.1)$$

其最大化一生效用的跨期预算约束为:

$$P_t C_{s,t} + P_{h,t}\left(H_{s,t} - (1-\delta)H_{s,t-1}\right) + M_{s,t} + D_t \leqslant M_{s,t-1} +$$
$$R_{t-1}D_{t-1} + F_t + T_{s,t} - \xi_{s,t}$$

$$(4.2)$$

其中,随机贴现因子 $\beta \in (0,1)$,$C_{s,t}$、$H_{s,t}$ 分别为 $t$ 期储蓄家庭的实际消费品和房地产持有,$H_{s,t} - (1-\delta)H_{s,t-1}$ 为扣除了折旧之后储蓄家庭在 $t$ 期新增的房地产持有量;$M_{s,t}$ 为名义现金持有,即货币需求;$D_t$ 为名义存款,$R_{t-1}$ 为 $t-1$ 期的一元存款到 $t$ 期初的本息和;$P_{h,t}$ 为名义房价;$F_t$ 为储蓄家庭来自消费品中间生产商和房地产中间生产商的分红;$T_{s,t}$ 为来自政府的转移支付;$\xi_{s,t} = \dfrac{\phi_h}{2}\left(\dfrac{H_{s,t}}{H_{s,t-1}} - 1\right)^2 P_{h,t}$ $H_{s,t-1}$ 为储蓄家庭调整其房地产持有所发生的成本。

在(4.2)式的约束下,代表性储蓄家庭通过对消费 $C_{s,t}$、房地产持有 $H_{s,t}$、存款 $D_t$ 和实际货币持有 $M_{s,t}/P_t$ 的决策以最大化其一生的效用(4.1)式,由一阶条件得:

$$\lambda_t = C_{s,t}^{-\sigma_s}$$

$$(4.3)$$

$$H_{s,t}^{-\phi_s} - \lambda_t q_t\left[1 + \phi_h\left(\frac{H_{s,t}}{H_{s,t-1}} - 1\right)\right] + \beta E_t$$
$$\left\{\lambda_{t+1}q_{t+1}\left[(1-\delta) + \phi_h\left(\frac{H_{s,t+1}}{H_{s,t}} - 1\right)\frac{H_{s,t+1}}{H_{s,t}}\right]\right\} = 0$$

$$(4.4)$$

$$\beta E_t\{\lambda_{t+1}R_t/\pi_{t+1}\} = \lambda_t$$

$$(4.5)$$

$$m_{s,t}^{-\psi_s} - \lambda_t + \beta E_t\{\lambda_{t+1}/\pi_{t+1}\} = 0$$

$$(4.6)$$

其中,$\lambda_t$ 为预算约束(4.2)式的拉格朗日乘子,相对房价 $q_t = P_{h,t}/P_t$,实际货币需求 $m_{s,t} = M_{s,t}/P_t$。

## 2. 借贷家庭的优化行为

与储蓄家庭不同,借贷的家庭在完全竞争市场上供给劳动给消费品生产商和房地产生产商。其效用函数也采取可加可分的形式:

$$E_0 \sum_{t=0}^{\infty} \gamma \left\{ \frac{C_{b,t}^{1-\sigma_b}}{1-\sigma_b} + \frac{H_{b,t}^{1-\phi_b}}{1-\phi_b} - \frac{N_{b,t}^{1+\upsilon_b}}{1+\upsilon_b} + \frac{1}{1-\psi_b} \left( \frac{M_{b,t}}{P_t} \right)^{1-\psi_b} \right\}$$

(4.7)

借贷家庭的跨期预算约束如下:

$$P_t C_{b,t} + P_{h,t}(H_{b,t} - (1-\delta)H_{b,t-1}) + M_{b,t} + R_{l,t-1}L_{b,t-1}$$
$$\leqslant M_{b,t-1} + L_{b,t} + W_t N_{b,t} + T_{b,t} - \xi_{b,t}$$

(4.8)

其中,随机贴现因子 $\gamma \in (0,1)$,且 $\gamma < \beta$。$C_{b,t}$、$H_{b,t}$、$N_{b,t}$ 分别为 $t$ 期代表性借贷家庭的实际消费品、房地产持有和劳动供给,$H_{b,t} - (1-\delta)H_{b,t-1}$ 为扣除了折旧之后家庭在 $t$ 期新增的房地产持有量;$M_{b,t}$ 为名义现金持有,即货币需求;$L_{b,t}$ 为名义债务,$R_{l,t-1}$ 为 $t-1$ 期的一元债务到 $t$ 期初的本息和;$W_t$ 为名义工资;$T_{b,t}$ 为来自政府的转移支付;$\xi_{b,t} = \frac{\phi_h}{2} \left( \frac{H_{b,t}}{H_{b,t-1}} - 1 \right)^2 P_{h,t}H_{b,t-1}$ 为借贷家庭调整其房地产持有所发生的成本。同时,借贷的家庭的借贷受到其房地产未来价值的影响,原因在于当其违约时,借贷者可以代价 $(1-\chi)E_t(P_{h,t+1}H_{b,t})$ 收回贷款,因此借贷家庭的借贷约

束为：

$$L_{b,t} \leqslant \chi E_t (P_{h,t+1} H_{b,t} / R_{l,t})$$

$$(4.9)$$

在(4.8)、(4.9)式的约束下,最大化(4.7)式,代表性借贷家庭通过对 $C_{b,t}$、$H_{b,t}$、$L_{b,t}$、$N_{b,t}$ 和 $M_{b,t}/P_t$ 的一阶条件可得:

$$\lambda_t = C_{b,t}^{-\sigma_b}$$

$$(4.10)$$

$$\lambda_t q_t \left[ 1 + \phi_h \left( \frac{H_{b,t}}{H_{b,t-1}} - 1 \right) \right]$$

$$= H_{b,t}^{-\phi_b} + \gamma E_t \left\{ \lambda_{t+1} q_{t+1} \left[ (1-\delta) + \phi_h \left( \frac{H_{b,t+1}}{H_{b,t}} - 1 \right) \frac{H_{b,t+1}}{H_{b,t}} \right] \right\}$$

$$+ \chi \eta_t E_t \{ q_{t+1} \pi_{t+1} / R_{l,t} \}$$

$$(4.11)$$

$$\eta_t + \gamma E_t \{ \lambda_{t+1} R_{l,t} / \pi_{t+1} \} = \lambda_t$$

$$(4.12)$$

$$\lambda_t w_t - N_{b,t}^{v_b} = 0$$

$$(4.13)$$

$$m_{b,t}^{-\psi_b} - \lambda_t + \gamma E_t \{ \lambda_{t+1} / \pi_{t+1} \} = 0$$

$$(4.14)$$

其中,$\lambda_t$ 为预算约束(4.8)式的拉格朗日乘子,$\eta_t$ 为房地产抵押贷款约束(4.9)式的拉格朗日乘子,实际工资 $w_t = W_t / P_t$。

## 4.1.2　生产商的优化行为

### 1. 消费品生产商的优化行为

最终消费品生产商在完全竞争市场上使用来自中间生产商 $i$ 的中间产品 $Y_{c,t}(i)$ 生产最终消费品 $Y_{c,t}$，采取技术 $Y_{c,t} = \left( \int_0^1 Y_{c,t}(i)^{\frac{\theta_{c,t}-1}{\theta_{c,t}}} \, di \right)^{\frac{\theta_{c,t}}{\theta_{c,t}-1}}$。其中，$\theta_{c,t}$ 为可变的需求弹性。由利润最大化可得，最终消费品生产商对来自中间生产商 $i$ 的中间产品 $Y_{c,t}(i)$ 的需求为 $Y_{c,t}(i) = \left( \dfrac{P_t(i)}{P_t} \right)^{-\theta_{c,t}} Y_{c,t}$。

中间消费品生产商在垄断竞争市场上生产中间产品 $Y_{c,t}(i)$，采用如下技术：

$$Y_{c,t}(i) = Z_{c,t} K_{c,t}(i)^{\alpha_c} N_{c,t}(i)^{1-\alpha_c}$$

$$(4.15)$$

其中，$Z_{c,t}$ 为 AR(1) 过程的消费品生产率冲击：

$$\ln Z_{c,t} = (1 - \rho_{zc}) \ln Z_c + \rho_{zc} \ln Z_{c,t-1} + \varepsilon_{zc,t}$$

$$(4.16)$$

其中，$\rho_{zc} \in (-1, 1)$，$\varepsilon_{zc,t}$ 是具有 0 均值、标准误为 $\sigma_{zc}$ 的 $i.i.d.$ 正态分布。

中间消费品生产商的资本采取自我积累方式：

$$K_{c,t+1}(i) = (1 - \delta_c) K_{c,t}(i) + I_{c,t}(i)$$

$$(4.17)$$

其中，$\delta_c$ 为消费品生产中资本折旧率。

则根据最优要素使用原则,可得中间生消费品产商 $i$ 的劳动需求方程为:

$$N_{c,t}(i) = \alpha_c^{-1}(1-\alpha_c)r_{k,t}K_{c,t}(i)w_t^{-1}$$

$$(4.18)$$

根据 Calvo(1983),假定每一期,中间消费品生产商 $i$ 制定最优价格 $P_t^*$ 的概率为 $1-\xi_c$,没有接收到调整信号的中间消费品生产商将其价格按照上一期的水平进行调整,即 $P_t(i) = P_{t-1}(i)$。则 $t$ 期制定了最优价格 $P_t^*$ 后至到 $t+k$ 期都没有再次调整价格,则中间消费品生产商 $i$ 通过选择最优价格 $P_t^*$ 最大化其在 $(t,t+k)$ 之间利润的现值之和:

$$E_t \sum_{k=0}^{\infty} \xi_c^k \Lambda_{t,t+k} \{ [P_t^* - P_{t+k}(i)MC_{c,t+k}(i)]Y_{c,t+k}(i) \}$$

其中,随机贴现因子 $\Lambda_{t,t+k} = \beta^k \lambda_{t+k}/\lambda_t$,$\lambda_t$ 是储蓄家庭预算约束的朗格朗日乘子,即消费品的边际效用。则最大化上式中间消费品生产商利润的现值之和,由一阶条件可得其最优价格制定方程,即通货膨胀方程:

$$\sum_{k=0}^{\infty} \xi_c^k E_t \{ \Lambda_{t,t+k}Y_{c,t+k}(i)(P_t^* - \mu_{c,t+k}P_{t+k}(i)MC_{c,t+k}) \} = 0$$

$$(4.19)$$

其中,实际边际成本 $MC_{c,t} = \alpha_c^{-\alpha_c}(1-\alpha_c)^{\alpha_c-1}Z_{c,t}^{-1}r_{k,t}^{\alpha_c}w_t^{1-\alpha_c}$,消费品价格加成冲击 $\mu_{c,t+k} = \dfrac{\theta_{c,t+k}}{\theta_{c,t+k}-1}$ 为 AR(1) 过程:

$$\ln\mu_{c,t} = (1-\rho_{\mu c})\ln\mu_c + \rho_{\mu c}\ln\mu_{c,t-1} + \varepsilon_{\mu c,t}$$

$$(4.20)$$

其中，$\rho_{\mu c} \in (-1,1)$，$\mu_c$ 为稳态时的工资加成比例，$\varepsilon_{\mu c,t}$ 是具有 0 均值、标准误为 $\sigma_{\mu c}$ 的 $i.i.d.$ 正态分布。

## 2. 房地产生产商的优化行为

最终房地产生产商在完全竞争市场上使用来自中间房地产生产商 $j$ 的中间产品 $Y_{h,t}(j)$ 生产最终房地产产品 $Y_{h,t}$，其生产函数如下：

$$Y_{h,t} = \left( \int_0^1 Y_{h,t}(j)^{\frac{\theta_{h,t}-1}{\theta_{h,t}}} dj \right)^{\frac{\theta_{h,t}}{\theta_{h,t}-1}}$$

由利润最大化可得，最终房地产生产商对来自中间房地产生产商 $j$ 的中间房地产产品 $Y_{h,t}(j)$ 的需求为 $Y_{h,t}(j) = \left( \dfrac{P_{h,t}(j)}{P_{h,t}} \right)^{-\theta_{h,t}} Y_{h,t}$。

中间房地产生产商在垄断竞争市场上采取如下技术生产中间产品 $Y_{h,t}(j)$：

$$Y_{h,t}(j) = Z_{h,t} K_{h,t}(j)^{a_h} N_{h,t}(j)^{1-a_h}$$

$$(4.21)$$

其中，$Z_{h,t}$ 为 AR(1)过程的房地产生产率冲击：

$$\ln Z_{h,t} = (1-\rho_{zh})\ln Z_h + \rho_{zh} \ln Z_{h,t-1} + \varepsilon_{zh,t}$$

$$(4.22)$$

其中，$\rho_{zh} \in (-1,1)$，$\varepsilon_{zh,t}$ 是具有 0 均值、标准误为 $\sigma_{zh}$ 的 $i.i.d.$ 正态分布。

中间消费品生产商的资本采取自我积累方式：

$$K_{h,t+1}(j) = (1-\delta_h)K_{h,t}(j) + I_{h,t}(j)$$

$$(4.23)$$

其中,$\delta_c$ 为消费品生产中资本折旧率。

则根据最优要素使用原则,可得中间房地产生产商 $j$ 的劳动需求方程为:

$$N_{h,t}(j) = \alpha_h^{-1}(1-\alpha_h)r_{k,t}K_{h,t}(j)w_t^{-1}$$

$$(4.24)$$

根据 Calvo(1983),假定每一期,中间房地产生产商 $j$ 制定最优房价 $P_{h,t}^*$ 的概率为 $1-\xi_h$,没有接收到调整信号的中间消费品生产商将其价格按照上一期的水平进行调整,即 $P_{h,t}(j)=P_{h,t-1}(j)$。则 $t$ 期制定了最优房价 $P_{h,t}^*$ 后至到 $t+k$ 期都没有再次调整价格,则中间房地产生产商 $j$ 通过选择最优房价 $P_{h,t}^*$ 最大化其在 $(t,t+k)$ 之间利润的现值之和:

$$E_t\sum_{k=0}^{\infty}\xi_h^k\Lambda_{t,t+k}\{[P_{h,t}^* - P_{h,t+k}(j)MC_{h,t+k}(j)]Y_{h,t+k}(j)\}$$

则最大化上式,由一阶条件可得中间房地产生产商的最优房价制定方程:

$$\sum_{k=0}^{\infty}\xi_h^k E_t\{\Lambda_{t,t+k}Y_{h,t+k}(j)(P_{h,t}^* - \mu_{h,t+k}P_{h,t+k}(j)MC_{h,t+k}(j))\}=0$$

$$(4.25)$$

其中,中间房地产生产商的实际边际成本为:

$$MC_{h,t} = \alpha_h^{-\alpha_h}(1-\alpha_h)^{\alpha_h-1}Z_{h,t}^{-1}r_{k,t}{}^{\alpha_h}w_t^{1-\alpha_h}$$

房价加成冲击 $\mu_{h,t+k}=\dfrac{\theta_{h,t+k}}{\theta_{h,t+k}-1}$ 为 AR(1)过程:

$$\ln\mu_{h,t} = (1-\rho_{\mu h})\ln\mu_h + \rho_{\mu h}\ln\mu_{h,t-1} + \varepsilon_{\mu h,t}$$

$$(4.26)$$

其中，$\rho_{\mu c} \in (-1, 1)$，$\mu_c$ 为稳态时的工资加成比例，$\varepsilon_{\mu c, t}$ 是具有 0 均值、标准误为 $\sigma_{\mu c}$ 的 $i.i.d.$ 正态分布。

## 4.1.3　货币政策部门的行为

假定中央银行的货币政策实施采取利率规则：

$$R_t = R_{t-1}{}^{\gamma_r} (\pi_{t-1}{}^{\gamma_\pi} Y_{t-1}{}^{\gamma_y})^{1-\gamma_r} e^{\varepsilon_{R,t}}$$

$$(4.27)$$

其中，利率冲击 $\varepsilon_{R,t}$ 为白噪音的 i.i.d. 过程。

## 4.1.4　对数线性化模型

由市场均衡得资源约束方程(4.28)～(4.30)和劳动约束方程(4.31)：

$$Y_{c,t} = C_{s,t} + C_{b,t}$$

$$(4.28)$$

$$Y_{h,t} = H_{s,t} - (1-\delta)H_{s,t-1} + H_{b,t} - (1-\delta)H_{b,t-1}$$

$$(4.29)$$

$$Y_t = Y_{c,t} + Y_{h,t}$$

$$(4.30)$$

$$N_{b,t} = N_{c,t} + N_{h,t}$$

$$(4.31)$$

则对数线性化形式的模型如下：

### 1. 储蓄家庭的线性化行为方程[①]

代表性储蓄家庭线性化的消费的欧拉方程由(4.3)和(4.5)式得到:

$$\hat{c}_{s,t} = \hat{c}_{s,t+1} - \frac{1}{\sigma_s}(\hat{R}_t - \hat{\pi}_{t+1})$$

$$(4.32)$$

房地产需求方程由(4.4)和(4.5)式得到:

$$[\phi_h(1+\beta) + \phi_s(1-\beta(1-\delta))]\hat{h}_{s,t}$$
$$= \beta(1-\delta)(-\sigma_s\hat{c}_{s,t+1} + \hat{q}_{t+1}) - \hat{q}_t + \sigma_s\hat{c}_{s,t} + \phi_h(\hat{h}_{s,t-1} + \beta\hat{h}_{s,t+1})$$

$$(4.33)$$

实际货币需求方程由(4.3)、(4.5)和(4.6)式得到:

$$\psi_s\hat{m}_{s,t} = \sigma_s\hat{c}_{s,t} - \frac{\beta}{1-\beta}\hat{R}_t$$

$$(4.34)$$

### 2. 借贷家庭的线性化行为方程

代表性借贷家庭线性化的消费的欧拉方程由(4.10)和(4.12)式得到:

$$-\sigma_b\hat{c}_{b,t} = \gamma R_{l,s}(\hat{R}_{l,t} - \hat{\pi}_{t+1} - \sigma_b\hat{c}_{b,t+1}) + (1-\gamma R_{l,s})\hat{\eta}_t$$

$$(4.35)$$

借贷家庭线性化的房地产需求方程由(4.11)和(4.12)

---

① 因为模型设定央行的货币政策规则为利率规则,因此在实证中略去了货币需求方程。

式得到：

$$\left[\phi_h(1+\gamma)+\phi_b\left(1-\gamma(1-\delta)-\chi\left(\frac{1}{R_{l,s}}-\gamma\right)\right)\right]\hat{h}_{b,t}$$

$$=\phi_h(\hat{h}_{b,t-1}+\hat{m}_{b,t+1})-\gamma(1-\delta)\sigma_b\hat{c}_{b,t+1}+\left(\gamma(1-\delta)+\chi\left(\frac{1}{R_{l,s}}-\gamma\right)\right)$$

$$\hat{q}_{t+1}+\chi\left(\frac{1}{R_{l,s}}-\gamma\right)(\hat{\eta}_t+\hat{\pi}_{t+1}-\hat{R}_{l,t})-\hat{q}_t+\sigma_b\hat{c}_{b,t}$$

$$(4.36)$$

借贷家庭线性化的劳动供给方程由（4.10）和（4.13）式得到：

$$\upsilon_b\hat{n}_t=-\sigma_b\hat{c}_{b,t}+\hat{w}_t$$

$$(4.37)$$

线性化的实际货币需求方程由（4.10）、（4.12）和（4.14）式得到①：

$$\psi_b(1-\gamma)\hat{m}_{b,t}=\left(1-\frac{1}{R_{l,s}}\right)\sigma_b\hat{c}_{b,t}-\gamma\hat{R}_{l,t}+\left(\frac{1}{R_{l,s}}-\gamma\right)\hat{\eta}_t$$

$$(4.38)$$

### 3. 消费品生产商的线性化行为方程

线性化的中间消费品生产商的生产函数由（4.15）式得到：

$$\hat{y}_{c,t}=\hat{z}_{c,t}+\alpha_c\hat{k}_{c,t}+(1-\alpha_c)\hat{n}_{c,t}$$

$$(4.39)$$

线性化的消费品生产率冲击由（4.16）式得到：

---

①　实证中略去了货币需求方程。

$$\hat{z}_{c,t} = \rho_{zc} \hat{z}_{c,t-1} + \varepsilon_{zc,t}$$

$$(4.40)$$

线性化的资本演进方程由(4.17)式得到：

$$\hat{k}_{c,t+1} = (1-\delta_c)\hat{k}_{c,t} + \delta_c \hat{i}_{c,t}$$

$$(4.41)$$

劳动需求方程由(4.18)式得到：

$$\hat{n}_{c,t} = \hat{k}_{c,t} + \hat{r}_{k,t} - \hat{w}_t$$

$$(4.42)$$

线性化的最优价格决定即通货膨胀方程由(4.19)式得到：

$$\hat{\pi}_t = \beta E_t\{\hat{\pi}_{t+1}\} + \frac{(1-\beta\xi_c)(1-\xi_c)}{\xi_c}(-\hat{z}_{c,t} + \alpha_c\hat{r}_{k,t} + (1-\alpha_c)\hat{w}_t + \hat{\mu}_{c,t})$$

$$(4.43)$$

线性化消费品价格加成冲击由(4.20)式得到：

$$\hat{\mu}_{c,t} = \rho_{\mu c}\hat{\mu}_{c,t-1} + \varepsilon_{\mu c,t}$$

$$(4.44)$$

### 4. 房地产生产商的线性化行为方程

线性化的房地产中间生产商的生产函数由(4.21)式得到：

$$\hat{y}_{h,t} = \hat{z}_{h,t} + \alpha_h\hat{k}_{h,t} + (1-\alpha_h)\hat{n}_{h,t}$$

$$(4.45)$$

线性化的房地产生产率冲击由(4.22)式得到：

$$\hat{z}_{h,t} = \rho_{zh}\hat{z}_{h,t-1} + \varepsilon_{zh,t}$$

$$(4.46)$$

线性化的资本演进方程由（4.23）式得到：

$$\hat{k}_{h,t+1} = (1-\delta_h)\hat{k}_{h,t} + \delta_h \hat{i}_{h,t}$$

$$(4.47)$$

劳动需求方程由（4.24）式得到：

$$\hat{n}_{h,t} = \hat{k}_{h,t} + \hat{r}_{k,t} - \hat{w}_t$$

$$(4.48)$$

线性化的最优房价决定方程由（4.25）式得到：

$$\hat{q}_t = \frac{1}{1+\beta}[\beta(\hat{q}_{t+1}+\hat{\pi}_{t+1}) - \hat{\pi}_t + \hat{q}_{t-1}] + \frac{(1-\beta\xi_h)(1-\xi_h)}{(1+\beta)\xi_h}$$

$$(\hat{\mu}_{h,t} - \hat{z}_{h,t} + (1-\alpha_h)\hat{w}_t + \alpha_h\hat{r}_{k,t} - \hat{q}_t)$$

$$(4.49)$$

线性化房价加成冲击由（4.26）式得到：

$$\hat{\mu}_{h,t} = \rho_{ph}\hat{\mu}_{h,t-1} + \varepsilon_{ph,t}$$

$$(4.50)$$

## 5. 线性化的货币政策规则

货币政策规则的对数线性化形式由（4.27）式得到：

$$\hat{R}_t = \gamma_r \hat{R}_{t-1} + (1-\gamma_r)(\gamma_\pi \hat{\pi}_{t-1} + \gamma_y \hat{y}_{t-1}) + \varepsilon_{R,t}$$

$$(4.51)$$

资源约束四个方程的线性化形式由（4.28）~（4.31）式得到：

$$\hat{y}_{c,t} = \frac{C_s}{Y_c}\hat{c}_{s,t} + \frac{C_b}{Y_c}\hat{c}_{b,t}$$

$$(4.52)$$

$$\hat{y}_{h,t} = \frac{H_s}{Y_h}(\hat{h}_{s,t} - (1-\delta)\hat{h}_{s,t-1}) + \frac{H_b}{Y_h}(\hat{h}_{b,t} - (1-\delta)\hat{h}_{b,t-1})$$

$$(4.53)$$

$$\hat{y}_t = y_c\hat{y}_{c,t} + y_h\hat{y}_{h,t}$$

$$(4.54)$$

$$\hat{n}_{b,t} = \frac{N_c}{N_b}\hat{n}_{c,t} + \frac{N_h}{N_b}\hat{n}_{h,t}$$

$$(4.55)$$

上述方程(4.32)~(4.55)中除了两个货币需求方程(4.34)和(4.38)式,其它构成了本章 DSGE 模型的对数线性化形式,下文的脉冲响应分析即基于该对数线性化的模型进行。

# 4.2 参数校准

本部分根据现有文献的研究结果以及中国 1999 年 1 季度~2012 年 4 季度的 GDP、消费、CPI、房地产销售价格指数、银行同业拆借利率、贷款利率等数据对上文所构建的 DSGE 模型的结构参数进行了校准,校准结果见表 4.1。根据银行同业拆借利率和贷款利率分别将储蓄家庭和借贷家庭的随机贴现因子校准为 0.992 和 0.975,根据样本期内贷款利率的均值将 $R_{l,s}$ 校准为 1.025,房地产调整成本参数 $\phi_h$ 校准为 0.01,根据中国的房地产实际情况,将家庭的房地产折旧 $\delta$ 和抵押贷款率 $\chi$ 分别校准为 0.01 和 0.8,将储蓄和借贷两类家庭的房地产需求参数分别校准为 0.5 和 0.8,将借贷家庭劳动供给的工资参数校准为 1.5,将消费品生产商和房地产生产商的资本份额分别校准为 0.45 和 0.7,将生产商不制定最优价格和房价的概率分别校准为 0.75 和 0.5,将消费品和房地产生产的资本折旧率分别校准为 0.025 和 0.03,根据李松华(2013)将货币政策的利率规则参数分别校准为 0.782、1.7 和 0.289,将外生冲击的持久性参数校准为 0.85、外生冲击的标准误校准为 0.01。

表 4.1　参数校准

| 参数 | 校准值 | 参数 | 校准值 | 参数 | 校准值 | 参数 | 校准值 | 参数 | 校准值 |
|---|---|---|---|---|---|---|---|---|---|
| $\beta$ | 0.992 | $\delta$ | 0.01 | $\sigma_s$ | 1.5 | $\sigma_b$ | 0.8 | $\upsilon_b$ | 1.5 |
| $\gamma$ | 0.975 | $\phi_s$ | 0.5 | $\phi_b$ | 0.8 | $\delta_h$ | 0.03 | $R_{l,s}$ | 1.025 |
| $\xi_c$ | 0.75 | $\xi_h$ | 0.5 | $\phi_h$ | 0.01 | $\chi$ | 0.8 | $\delta_c$ | 0.025 |
| $\alpha_c$ | 0.45 | $\alpha_h$ | 0.7 | $\gamma_r$ | 0.782 | $\gamma_\pi$ | 1.7 | $\gamma_y$ | 0.289 |

## 4.3　货币政策、房价影响中国经济波动的脉冲响应模拟

本部分将在上文校准 DSGE 模型结构参数的基础上,运用脉冲响应来对利率、消费品价格加成、房价加成、房地产投资、消费品生产率和房地产生产率等 6 个外生随机冲击对产出、通胀等经济变量影响的效应进行模拟,并进行比较。图 4.1~4.6 中的脉冲均为 1% 的外生冲击对各经济

变量的影响。

## 4.3.1 利率冲击的经济波动效应脉冲模拟

图 4.1 所示正向冲击利率对整个宏观经济的影响是负的。产出对利率冲击的响应是迅即下降到谷底的 7.5％，随后快速回升，于第 2 期之后逐步收敛于 0。消费即一般消费品产出和房地产产出对冲击的响应也是负的，但消费对冲击的响应较大、较持久。消费品产出迅即下降 10％，于第 2 期回升到 -2％ 左右，随后缓慢回升；而房地产产出对冲击的负向响应是迅即下降 5.4％，于第 2 期即回升为 0.59％，之后快速回落，第 10 期之后收敛于 0。储蓄和借贷家庭的消费对正向利率冲击的响应是相反的，储蓄家庭的消费下降而借贷家庭的消费上升，原因在于利率上升可以储蓄家庭获取更多的利息收入，从而减少消费和房地产需求；而加息导致借贷家庭的资金使用成本上升，因而会减少贷款和房地产需求，且借贷家庭更看重当前的效用，因此消费上升。通货膨胀对冲击的响应是迅即上升 1.53％，随后快速下降于第 2 期后逐步回落；房价对冲击的响应也是正的，尽管不大，峰值仅为 1.27％，但较为持久。

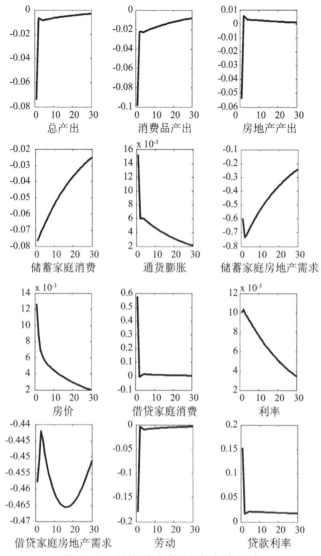

**图 4.1　利率冲击的经济波动效应**

## 4.3.2 房地产投资冲击的经济波动效应脉冲模拟

图 4.2 体现了正向房地产投资冲击对经济的影响是正的。总产出对冲击的正向响应较为微弱,上升了 0.5%,且不持久,于第 3 期之后逐步收敛于 0。消费品产出对冲击的响应是迅即上升 0.65%,于第 2 期之后基本保持在 0.2%左右,冲击的效应较为持久。房地产产出对冲击的响应也为正,峰值为 0.35%。房地产投资的增加导致房地产供给增加,从而房价下降,房价下降的最大幅度为 0.07%,并快速回升。而通货膨胀对冲击的负向响应是迅即下降 0.09%,随后快速回升。储蓄家庭的消费和房地产需求都是增加的,尽管幅度不大,但都较为持久。借贷家庭的消费下降,而房地产持有需求增加。

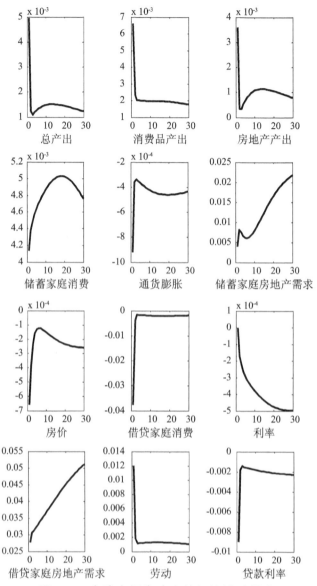

**图 4.2　房地产投资冲击的经济波动效应**

### 4.3.3　消费品价格加成冲击的经济波动效应脉冲模拟

图 4.3 体现了正向消费品价格加成冲击对经济的影响是负的。冲击导致了通货膨胀迅速上升 0.5％，然后快速回落，于第 2 期下降到 0.1％之后缓慢回落；通货膨胀的上升导致了名义利率上升，峰值为 0.15％，则对于储蓄家庭而言，存款的利息收入增加，因此，出于资产持有决策，其消费和房地产需求对冲击的响应都是负的：其消费于第 2 期下降到谷底的 1.1％，随后逐步回升；其房地产需求对冲击的负向响应较大，于第 2 期下降到谷底的 12％，随后逐步回升。房价对消费品价格加成冲击的响应是正的，迅即上升了 0.25％，之后快速回落，于第 3 期下降为负，第 5 期之后逐步回升。由于名义利率上升带来了贷款成本增加，借贷家庭的消费增加而房地产需求减少。产出对冲击的响应是立即下降 2.74％，随后快速回升，但冲击的影响较为短暂，产出的响应于第 2 期之后收敛于 0。消费品产出对冲击的响应是迅即下降到谷底的 3.65％，于第 2 期之后逐步回升；房地产产出对冲击的响应也是迅即下降到谷底的 1.99％，随后迅速回升，于第 3 期上升为正的 0.38％，之后逐步回落，于第 12 期中收敛于 0。

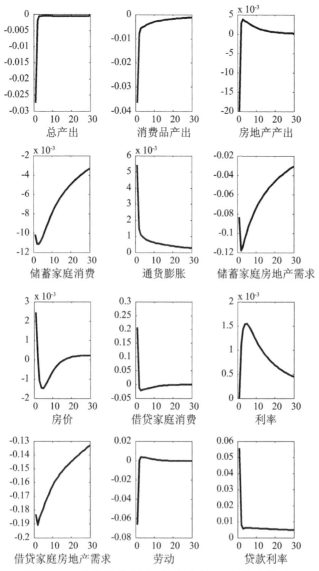

**图 4.3　消费品价格加成冲击的经济波动效应**

## 4.3.4　房价加成冲击的经济波动效应脉冲模拟

图 4.4 为正向房价加成冲击对经济的影响。冲击导致房价上升,峰值为 0.55%,于第 2 期之后逐步回落,冲击对房价的效应较为持久。尽管房价上升带来了借贷家庭的借贷约束放松,但名义贷款利率上升导致其贷款成本增加,从而借贷家庭的房地产需求减少,下降了 1.8%,而其消费增加。对于储蓄家庭而言,名义存款利率下降意味着其存款的利息收入减少,储蓄家庭会更看重现时消费,由此消费增加,该响应的峰值为 1%,但不持久,于第 6 期后下降为负的。储蓄家庭的房地产需求对冲击的响应是负的。两类家庭房地产需求的减少带来了房地产产出的下降,尽管房价上升对生产商具有扩大供给的刺激作用。产出和消费对冲击的响应为负,下降的最大幅度分别为 0.33% 和 0.45%,随后快速回升,而通货膨胀则对冲击具有微弱而短暂的负向响应,通货膨胀下降的最大幅度为 0.07%。

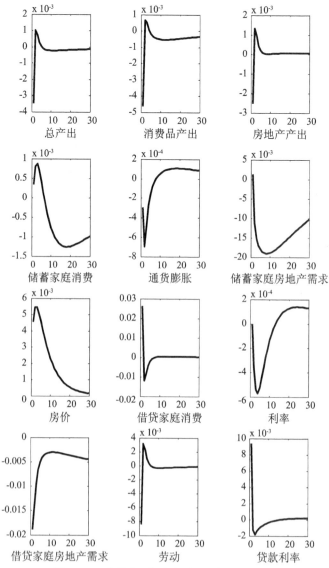

图 4.4　房价加成冲击的经济波动效应

## 4.3.5　消费品生产率冲击的经济波动效应脉冲模拟

图 4.5 为正向消费品生产率冲击对经济的影响。消费品生产率的提高导致消费品产出增加 2.79%,于第 2 期下降到 1%,之后缓慢回落,这种正效应较为持久,在第 20 期之后逐步收敛为 0。房地产产出对冲击的响应是正的,但较小,峰值仅为 0.98%,且不持久。受消费品产出和房地产产出增加的影响,经济中的总产出对冲击的响应也是正的,峰值为 1.79%。储蓄家庭的消费和房地产需求都是增加的。通货膨胀对冲击的响应为负。房价对冲击的响应是上升,从而借贷家庭的借贷约束放松(借贷家庭的贷款取决于其房地产市值),且贷款利率的下降意味着借贷家庭的资金使用成本下降,进而其房地产需求增加,而其消费下降。

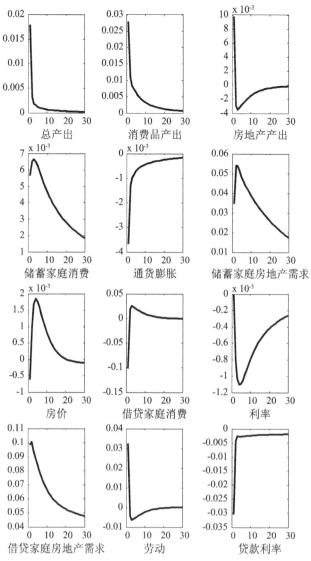

**图 4.5　消费品生产率冲击的经济波动效应**

## 4.3.6 房地产生产率冲击的经济波动效应脉冲模拟

图 4.6 体现出正向房地产生产率冲击导致房地产产出增加,呈现先上升后下降的态势,峰值为 0.4%,于第 4 期后缓慢回落。而房地产供给的增加导致了房价的下降,下降的谷底为 0.5%,随后逐步回升,冲击对房价的影响较为持久。冲击导致通货膨胀上升,但上升的幅度不大,峰值仅为 0.1%,且不持久,在第 4 期之后逐步收敛于 0。由于经济中的资源从消费品生产部门转移向房地产部门,导致消费品产出对房地产生产率冲击的响应是负的,消费品产出下降了 2.5%,随后快速回升,于第 4 期左右收敛于 0。尽管房地产产出是增加的,但由于消费品产出的下降角度,总产出对冲击的响应也是负的,下降的谷底为 1.2%,且冲击的效应也不持久。储蓄家庭对冲击的决策响应是减少消费而增加房地产需求,借贷家庭则由于通货膨胀导致的实际债务负担减小和房价下降增加了消费和房地产需求。

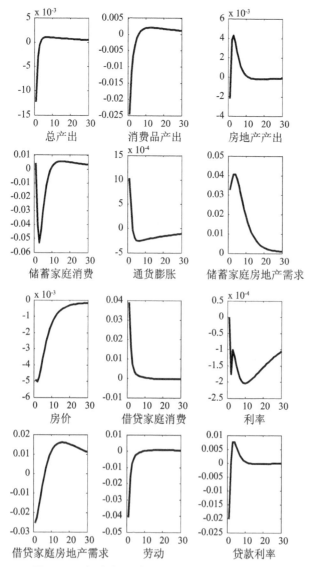

图 4.6　房地产生产率冲击的经济波动效应

综合上述脉冲响应分析可以发现,利率、消费品价格加成、房价加成、房地产投资、消费品生产率和房地产生产率等 6 个外生随机冲击对经济的影响是不同的:一个标准误正的房价加成冲击对经济的影响是负的——总产出和通货膨胀均下降;正向消费品生产率冲击和房地产投资冲击均对经济具有积极影响——总产出增加而通货膨胀下降;正向利率冲击(即加息)、消费品价格加成和房地产生产率等 3 个冲击对经济的影响是消极的,在导致产出下降的同时,带来了通货膨胀的上升。此外,从各个冲击影响经济的程度和持久性来看,导致产出波动幅度最大的是利率冲击,其次是消费品价格加成冲击和消费品生产率冲击,而房价加成冲击和房地产投资冲击对产出的影响相对微弱;而利率冲击和消费品生产率冲击对产出的影响较为持久,其他几个冲击对产出的影响均十分短暂。同样地,对通货膨胀影响程度最大的也是利率冲击,其次是消费品价格加成冲击和消费品生产率冲击;对通货膨胀影响较为持久的是利率冲击和消费品价格加成冲击。

# 4.4 本章小结

本章以新凯恩斯主义理论为基础,构建了一个包含货币政策、消费部门和生产部门(分别将其划分为两类,即储蓄的家庭与借贷的家庭,一般消费品生产商与房地产生产商),以及粘性价格和粘性房价等特征的动态随机一般均衡模型,根据中国的相关经济数据校准了 DSGE 模型的结构参数,并采用脉冲响应分析了利率、房地产投资、房价加成、消费品价格加成、消费品生产率和房地产生产率等 6 个外生随机冲击对中国的产出、通货膨胀等经济变量的影响。研究发现:

(1)消费品生产率冲击和房地产投资冲击导致总产出增加而通货膨胀下降,房价加成冲击导致总产出和通货膨胀均下降,而利率、消费品价格加成和房地产生产率等 3 个冲击导致产出下降、通货膨胀上升。

(2)导致产出波动幅度最大的是利率冲击,其次是消费品价格加成冲击和消费品生产率冲击,而房价加成冲击和房地产投资冲击对产出的影响相对微弱;对通货膨胀影响程度最大的也是利率冲击,其次是消费品价格加成冲击和消费品生产率冲击;对通货膨胀影响较为持久的是利率冲击和消费品价格加成冲击。

# 第 5 章 拓展房地产 DSGE 模型的中国经济波动模拟

　　本章的动态随机一般均衡模型（DSGE）是对第 4 章模型的拓展，在本章，不仅家庭和生产商部门两分，劳动市场也两分，即代表性储蓄家庭在垄断竞争市场上供给劳动，并且是其劳动价格的决定者，从而存在两分的劳动市场：储蓄家庭的劳动在垄断竞争市场上供给，其劳动价格即工资存在粘性；而借贷家庭的劳动在完全竞争市场上供给，其劳动价格由市场供求均衡决定，而借贷家庭对其劳动的价格没有市场势力；同时增加了金融中介机构，其贷款用于满足代表性借贷家庭的房地产需求；在外生随机冲击部分，增加了工资加成冲击和贷款冲击。同样地，本章的模型中货币政策实施部门仍采取修订的泰勒规则。

　　本章的结构安排如下：第 5.1 节为包含房地产部门、房价的新凯恩斯主义动态随机一般均衡模型（DSGE）拓展。第 5.2 节为 DSGE 模型结构参数校准。第 5.3 节在校准模型参数的基础上，运用脉冲响应图对利率、贷款、工资加成、房价加成、消费品价格加成、消费品生产率和房地产生产率等外生随机冲击影响我国经济波动的数量效应进行模拟分

析和比较。第 5.4 节分析了不同房地产抵押贷款率对货币
政策调控房价效应的影响。最后一节为本章小结。

# 5.1　包含房地产、房价的 DSGE 模型拓展

本章的模型是第 4 章模型的拓展,所构建的 DSGE 模
型包含四个经济主体:两分的代表性家庭,即储蓄的家庭和
借贷的家庭;两分的代表性生产商,即一般消费品生产商和
房地产生产商;金融中介机构;货币政策实施部门,即中央
银行。

## 5.1.1　代表性家庭的优化行为

假定经济中具有无限寿命的代表性家庭是连续的,而
且可以划分为两类:一类是储蓄的家庭,一类是借贷的家
庭,两类家庭之间的区别在于储蓄的家庭具有更高的贴现
因子和是自己劳动价格的决定者,而两类家庭的消费、房地
产持有和货币持有具有同质性。

### 1. 储蓄家庭的优化行为

经济中代表性储蓄家庭的效用函数采用如下可加可分
的形式:

$$E_0 \sum_{t=0}^{\infty} \beta \left\{ \frac{1}{1-\sigma_s} C_{s,t}^{1-\sigma_s} + \frac{1}{1-\phi_s} H_{s,t}^{1-\phi_s} - \frac{N_{s,t}^{1+\upsilon_s}}{1+\upsilon_s} \frac{1}{1-\psi_s} \left( \frac{M_{s,t}}{P_t} \right)^{1-\psi_s} \right\}$$

$$(5.1)$$

其最大化一生效用的跨期预算约束为：

$$P_t C_{s,t} + P_{h,t} \left( (1+\tau) H_{s,t} - (1-\delta) H_{s,t-1} \right) + M_{s,t} + D_t$$
$$\leqslant M_{s,t-1} + R_{t-1} D_{t-1} + W_{s,t} N_{s,t} + F_t + T_{s,t} - \xi_{s,t}$$

$$(5.2)$$

其中，随机贴现因子 $\beta \in (0,1)$，$C_{s,t}$、$H_{s,t}$、$N_{s,t}$ 分别为 $t$ 期储蓄家庭的实际消费、房地产持有和劳动供给；$(1+\tau) H_{s,t} - (1-\delta) H_{s,t-1}$ 为扣除了折旧之后储蓄家庭在 $t$ 期新增的房地产持有量，其中 $\tau$ 为房地产税；$M_{s,t}$ 为名义现金持有，即货币需求；$D_t$ 为名义存款，$R_{t-1}$ 为 $t-1$ 期的一元存款到 $t$ 期初的本息和；$W_{s,t}$ 为储蓄家庭劳动供给的价格，即名义工资；$P_{h,t}$ 为名义房价；$F_t$ 为储蓄家庭来自消费品中间生产商和房地产中间生产商的分红；$T_{s,t}$ 为来自政府的转移支付；$\xi_{s,t} = \frac{\phi_h}{2} \left( \frac{H_{s,t}}{H_{s,t-1}} - 1 \right)^2 P_{h,t} H_{s,t-1}$ 为储蓄家庭调整其房地产持有所发生的成本。

在(5.2)式的约束下，代表性储蓄家庭通过对 $C_{s,t}$、$H_{s,t}$、$D_t$、$M_{s,t}/P_t$ 等的决策以最大化其一生的效用(5.1)式，由一阶条件得：

$$\lambda_t = C_{s,t}^{-\sigma_s}$$

$$(5.3)$$

$$H_{s,t}^{-\phi_s} - \lambda_t q_t \left[ 1 + \tau + \phi_h \left( \frac{H_{s,t}}{H_{s,t}_{t-1}} - 1 \right) \right] + \beta E_t$$

$$\left\{ \lambda_{t+1} q_{t+1} \left[ (1-\delta) + \phi_h \left( \frac{H_{s,t+1}}{H_{s,t}_t} - 1 \right) \frac{H_{s,t+1}}{H_{s,t}} \right] \right\} = 0$$

$$(5.4)$$

$$\beta E_t \{ \lambda_{t+1} R_t / \pi_{t+1} \} = \lambda_t$$

$$(5.5)$$

$$m_{s,t}^{-\psi_s} - \lambda_t + \beta E_t \{ \lambda_{t+1} / \pi_{t+1} \} = 0$$

$$(5.6)$$

其中,$\lambda_t$ 为预算约束(5.2)式的拉格朗日乘子,相对房价 $q_t = P_{h,t}/P_t$,实际货币需求 $m_{s,t} = M_{s,t}/P_t$。

代表性储蓄家庭在垄断竞争的劳动市场上供给劳动,并是劳动价格的决定者。根据 Calvo(1983),每一期家庭将其最优名义工资制定为 $W_{s,t}^*$ 的概率 $1-\xi_w$,没有接收到信号的家庭则保持其工资水平不变。假定代表性储蓄家庭在 $t$ 期制定最优工资 $W_{s,t}^*$ 之后直到 $t+k$ 都没有变动其工资,则代表性储蓄家庭通过决定最优工资 $W_{s,t}^*$ 最大化其($t$, $t+k$)期之间的效用的现值之和:

$$\max E_t \sum_{k=0}^{\infty} (\beta \xi_w)^k U \left( C_{s,t+k/t}, \frac{M_{s,t+k/t}}{P_{t+k/t}}, N_{s,t+k/t} \right)$$

由一阶条件,可得最优工资决定方程:

$$\sum_{k=0}^{\infty} (\beta \xi_w)^k E_t \left\{ N_{s,t+k} \lambda_{t+k} \left( \frac{W_{s,t}^*}{P_{t+k}} - \mu_{w,t+k} \frac{N_{s,t+k}^v}{\lambda_{t+k}} \right) \right\} = 0$$

$$(5.7)$$

其中,工资加成冲击 $\mu_{w,t+k} = \frac{\vartheta_{w,t+k}}{\vartheta_{w,t+k} - 1}$, 为 AR(1)

过程：

$$\ln\mu_{w,t} = (1-\rho_{\mu w})\ln\mu_w + \rho_{\mu w}\ln\mu_{w,t-1} + \varepsilon_{\mu w,t}$$

(5.8)

其中，$\rho_{\mu w} \in (-1,1)$，$\mu_w$ 为稳态时的工资加成比例，$\varepsilon_{\mu w,t}$ 是具有 0 均值、标准误为 $\sigma_{\mu w}$ 的 $i.i.d.$ 正态分布。

### 2. 借贷家庭的优化行为

借贷家庭的效用函数也采取可加可分的形式：

$$E_0 \sum_{t=0}^{\infty} \gamma^t \left\{ \frac{C_{b,t}^{1-\sigma_b}}{1-\sigma_b} + \frac{H_{b,t}^{1-\phi_b}}{1-\phi_b} - \frac{N_t^{1+\upsilon_b}}{1+\upsilon_b} + \frac{1}{1-\psi_b}\left(\frac{M_{b,t}}{P_t}\right)^{1-\psi_b} \right\}$$

(5.9)

借贷家庭的跨期预算约束如下：

$$P_t C_{b,t} + P_{h,t}((1+\tau)H_{b,t} - (1-\delta)H_{b,t-1}) + M_{b,t} + R_{l,t-1}L_{b,t-1}$$
$$\leqslant M_{b,t-1} + L_{b,t} + W_{b,t}N_{b,t} + T_{b,t} - \xi_{b,t}$$

(5.10)

其中，随机贴现因子 $\gamma \in (0,1)$，且 $\gamma < \beta$。$C_{b,t}$、$H_{b,t}$、$N_{b,t}$ 分别为 $t$ 期代表性借贷家庭的实际消费品、房地产持有和劳动供给，$(1+\tau)H_{b,t} - (1-\delta)H_{b,t-1}$ 为扣除了折旧之后家庭在 $t$ 期新增的房地产持有量；$M_{b,t}$ 为名义现金持有，即货币需求；$L_{b,t}$ 为名义债务，$R_{l,t-1}$ 为 $t-1$ 期的一元债务到 $t$ 期初的本息和；$W_{b,t}$ 为名义工资；$T_{b,t}$ 为来自政府的转移支付；$\xi_{b,t} = \frac{\phi_h}{2}\left(\frac{H_{b,t}}{H_{b,t-1}} - 1\right)^2 P_{h,t}H_{b,t-1}$ 为借贷家庭调整其房地产持有所发生的成本。同时，借贷的家庭的借贷受到其房地产未来价值的影响，借贷家庭的借贷约束为：

$$L_{b,t} \leqslant \chi E_t (P_{h,t+1} H_{b,t} / R_{l,t})$$

(5.11)

在(5.10)、(5.11)式的约束下,最大化(5.9)式,代表性借贷家庭通过对 $C_{b,t}$、$H_{b,t}$、$L_{b,t}$、$N_{b,t}$ 和 $M_{b,t}/P_t$ 的一阶条件可得:

$$\lambda_t = C_{b,t}^{-\sigma_b}$$

(5.12)

$$\lambda_t q_t \left[ 1 + \tau + \phi_h \left( \frac{H_{b,t}}{H_{b,t-1}} - 1 \right) \right]$$
$$= H_{b,t}^{-\phi_b} + \gamma E_t \left\{ \lambda_{t+1} q_{t+1} \left[ (1-\delta) + \phi_h \left( \frac{H_{b,t+1}}{H_{b,t}} - 1 \right) \frac{H_{b,t+1}}{H_{b,t}} \right] \right\}$$
$$+ \chi \eta_t E_t \{ q_{t+1} \pi_{t+1} / R_{l,t} \}$$

(5.13)

$$\eta_t + \gamma E_t \{ \lambda_{t+1} R_{l,t} / \pi_{t+1} \} = \lambda_t$$

(5.14)

$$\lambda_t w_t - N_{b,t}^{v_b} = 0$$

(5.15)

$$m_{b,t}^{-\psi_b} - \lambda_t + \gamma E_t \{ \lambda_{t+1} / \pi_{t+1} \} = 0$$

(5.16)

其中,$\lambda_t$ 为预算约束(5.10)式的拉格朗日乘子,$\eta_t$ 为房地产抵押贷款约束(5.11)式的拉格朗日乘子,实际工资 $w_t = W_t / P_t$。

## 5.1.2　生产商的优化行为

### 1. 消费品生产商的优化行为

最终消费品生产商在完全竞争市场上使用来自中间生产商 $i$ 的中间产品 $Y_{c,t}(i)$ 生产最终消费品 $Y_{c,t}$，采取技术 $Y_{c,t} = \left( \int_0^1 Y_{c,t}(i)^{\frac{\theta_{c,t}-1}{\theta_{c,t}}} di \right)^{\frac{\theta_{c,t}-1}{\theta_{c,t}}}$。其中，$\theta_{c,t}$ 为可变的需求弹性。由利润最大化可得，最终消费品生产商对来自中间生产商 $i$ 的中间产品 $Y_{c,t}(i)$ 的需求为 $Y_{c,t}(i) = \left( \dfrac{P_t(i)}{P_t} \right)^{-\theta_{c,t}} Y_{c,t}$。

中间消费品生产商在垄断竞争市场上生产中间产品 $Y_{c,t}(i)$，使用要素资本和来自两类家庭的家庭，其生产函数为：

$$Y_{c,t}(i) = Z_{c,t} K_{c,t}(i)^{\alpha_c} (N_{cs,t}(i)^{\omega_c} N_{cb,t}(i)^{1-\omega_c})^{1-\alpha_c}$$

$$(5.17)$$

其中，$Z_{c,t}$ 为 AR(1) 过程的消费品生产率冲击：

$$\ln Z_{c,t} = (1-\rho_{zc}) \ln Z_c + \rho_{zc} \ln Z_{c,t-1} + \varepsilon_{zc,t}$$

$$(5.18)$$

其中，$\rho_{zc} \in (-1,1)$，$\varepsilon_{zc,t}$ 是具有 0 均值、标准误为 $\sigma_{zc}$ 的 $i.i.d.$ 正态分布。

中间消费品生产商的资本采取自我积累方式：

$$K_{c,t+1}(i) = (1-\delta_c) K_{c,t}(i) + I_{c,t}(i)$$

$$(5.19)$$

其中，$\delta_c$ 为消费品生产中资本折旧率。

则根据最优要素使用原则，可得中间生消费品产商 $i$ 的劳动需求方程为：

$$N_{cs,t}(i) = \omega_c \frac{1-\alpha_c}{\alpha_c} r_{k,t} K_{c,t}(i) w_{s,t}^{-1}$$

$$(5.20)$$

$$N_{cb,t}(i) = (1-\omega_c) \frac{1-\alpha_c}{\alpha_c} r_{k,t} K_{c,t}(i) w_{b,t}^{-1}$$

$$(5.21)$$

根据 Calvo(1983)，假定每一期，中间消费品生产商 $i$ 制定最优价格 $P_t^*$ 的概率为 $1-\xi_c$，没有接收到调整信号的中间消费品生产商将其价格按照上一期的水平进行调整，即 $P_t(i) = P_{t-1}(i)$。则 $t$ 期制定了最优价格 $P_t^*$ 后至到 $t+k$ 期都没有再次调整价格，则中间消费品生产商 $i$ 通过选择最优价格 $P_t^*$ 最大化其在 $(t, t+k)$ 之间利润的现值之和：

$$E_t \sum_{k=0}^{\infty} \xi_c^k \Lambda_{t,t+k} \{ [P_t^* - P_{t+k}(i) MC_{c,t+k}(i)] Y_{c,t+k}(i) \}$$

其中，随机贴现因子 $\Lambda_{t,t+k} = \beta^k \lambda_{t+k} / \lambda_t$，$\lambda_t$ 是储蓄家庭预算约束的朗格朗日乘子，即消费品的边际效用。则最大化上式中间消费品生产商利润的现值之和，由一阶条件可得其最优价格制定方程，即通货膨胀方程：

$$\sum_{k=0}^{\infty} \xi_c^k E_t \{ \Lambda_{t,t+k} Y_{c,t+k}(i) (P_t^* - \mu_{c,t+k} P_{t+k}(i) MC_{c,t+k}) \} = 0$$

$$(5.22)$$

其中，消费品中间生产商的实际边际成本为：

$$MC_{c,t} = \omega_c^{-\omega_c(1-\alpha_c)} \left[ (1-\alpha_c)(1-\omega_c)^{(1-\omega_c)} \right]^{\alpha_c-1} \alpha_c^{-\alpha_c}$$

$$Z_{c,t}^{-1} r_{k,t}^{\alpha_c} w_{s,t}^{\omega_c(1-\alpha_c)} w_{b,t}^{(1-\alpha_c)(1-\omega_c)}$$

消费品价格加成冲击 $\mu_{c,t+k} = \dfrac{\theta_{c,t+k}}{\theta_{c,t+k}-1}$ 为 AR(1) 过程：

$$\ln\mu_{c,t} = (1-\rho_{\mu c})\ln\mu_c + \rho_{\mu c}\ln\mu_{c,t-1} + \varepsilon_{\mu c,t}$$

$$(5.23)$$

其中，$\rho_{\mu c} \in (-1,1)$，$\mu_c$ 为稳态时的工资加成比例，$\varepsilon_{\mu c,t}$ 是具有 0 均值、标准误为 $\sigma_{\mu c}$ 的 $i.i.d.$ 正态分布。

## 2. 房地产生产商的优化行为

最终房地产生产商在完全竞争市场上使用来自中间房地产生产商 $j$ 的中间产品 $Y_{h,t}(j)$ 生产最终房地产产品 $Y_{h,t}$，其生产函数如下：

$$Y_{h,t} = \left( \int_0^1 Y_{h,t}(j)^{\frac{\theta_{h,t}-1}{\theta_{h,t}}} dj \right)^{\frac{\theta_{h,t}}{\theta_{h,t}-1}}$$

由利润最大化可得，最终房地产生产商对来自中间房地产生产商 $j$ 的中间房地产产品 $Y_{h,t}(j)$ 的需求为 $Y_{h,t}(j) = \left( \dfrac{P_{h,t}(j)}{P_{h,t}} \right)^{-\theta_{h,t}} Y_{h,t}$。

中间房地产生产商在垄断竞争市场上采取如下技术生产中间产品 $Y_{h,t}(j)$：

$$Y_{h,t}(j) = Z_{h,t} K_{h,t}(j)^{\alpha_h} (N_{hs,t}(j)^{\omega_h} N_{hb,t}(j)^{1-\omega_h})^{1-\alpha_h}$$

$$(5.24)$$

其中，$Z_{h,t}$ 为 AR(1) 过程的房地产生产率冲击：

$$\ln Z_{h,t} = (1-\rho_{zh})\ln Z_h + \rho_{zh}\ln Z_{h,t-1} + \varepsilon_{zh,t}$$

$$(5.25)$$

其中,$\rho_{zh} \in (-1,1)$,$\varepsilon_{zh,t}$是具有 0 均值、标准误为 $\sigma_{zh}$ 的 $i.i.d.$ 正态分布。

中间消费品生产商的资本采取自我积累方式:

$$K_{h,t+1}(j) = (1-\delta_h)K_{h,t}(j) + I_{h,t}(j)$$

(5.26)

其中,$\delta_c$ 为消费品生产中资本折旧率。

则根据最优要素使用原则,可得中间房地产生产商 $j$ 的劳动需求方程为:

$$N_{hs,t}(j) = \omega_h \frac{1-\alpha_h}{\alpha_h} r_{k,t} K_{h,t}(j) w_{s,t}^{-1}$$

(5.27)

$$N_{hb,t}(j) = (1-\omega_h) \frac{1-\alpha_h}{\alpha_h} r_{k,t} K_{h,t}(j) w_{b,t}^{-1}$$

(5.28)

根据 Calvo(1983),假定每一期,中间房地产生产商 $j$ 制定最优房价 $P_{h,t}^*$ 的概率为 $1-\xi_h$,没有接收到调整信号的中间消费品生产商将其价格按照上一期的水平进行调整,即 $P_{h,t}(j) = P_{h,t-1}(j)$。则 $t$ 期制定了最优房价 $P_{h,t}^*$ 后至到 $t+k$ 期都没有再次调整价格,则中间房地产生产商 $j$ 通过选择最优房价 $P_{h,t}^*$ 最大化其在 $(t,t+k)$ 之间利润的现值之和:

$$E_t \sum_{k=0}^{\infty} \xi_h^k \Lambda_{t,t+k} \{ [P_{h,t}^* - P_{h,t+k}(j)MC_{h,t+k}(j)] Y_{h,t+k}(j) \}$$

则最大化上式,由一阶条件可得中间房地产生产商的最优房价制定方程:

$$\sum_{k=0}^{\infty} \xi_h^k E_t \{ \Lambda_{t,t+k} Y_{h,t+k}(j)(P_{h,t}^* - \mu_{h,t+k} P_{h,t+k}(j) MC_{h,t+k}(j)) \} = 0$$

$$(5.29)$$

其中,中间房地产生产商的实际边际成本为:

$$MC_{h,t} = \omega_h^{-\omega_h(1-\alpha_h)} [(1-\alpha_h)(1-\omega_h)^{(1-\omega_h)}]^{\alpha_h-1} \alpha_h^{-\alpha_h}$$

$$Z_{h,t}^{-1} r_{k,t}^{\alpha_h} w_{s,t}^{\omega_h(1-\alpha_h)} w_{b,t}^{(1-\alpha_h)(1-\omega_h)}$$

房价加成冲击 $\mu_{h,t+k} = \dfrac{\theta_{h,t+k}}{\theta_{h,t+k}-1}$ 为 AR(1)过程:

$$\ln\mu_{h,t} = (1-\rho_{\mu h})\ln\mu_h + \rho_{\mu h}\ln\mu_{h,t-1} + \varepsilon_{\mu h,t}$$

$$(5.30)$$

其中,$\rho_{\mu c} \in (-1,1)$,$\mu_c$ 为稳态时的工资加成比例,$\varepsilon_{\mu c,t}$ 是具有 0 均值、标准误为 $\sigma_{\mu c}$ 的 $i.i.d.$ 正态分布。

## 5.1.3　金融中介机构的行为

金融中介机构发放贷款的资金来源于家庭的储蓄 $D_t$ 和中央银行对其的一次性转移支付 $\triangle_t$。总贷款为借贷家庭的贷款之和,$L_t = \int L_t(i) di$。金融中介机构的资金并不能全部用来发放贷款,即有 $L_t \leqslant \zeta_t(D_t + \triangle_t)$,$\zeta_t \in [0,1]$,表示金融中介机构吸纳的资金中可以用于放贷的部分。只要贷存款利差为正,金融中介机构会将其法定储备之外的资金全部用于放贷,则上述贷款约束取"="。其中,

$$\zeta_t = (Y_t/Y)^v S_t$$

$$(5.31)$$

其中,$S_t$ 为贷款冲击,为 AR(1)过程:

$$\ln S_t = (1 - \rho_s)\ln S + \rho_s \ln S_{t-1} + \varepsilon_{s,t}$$

(5.32)

其中 $\rho_s \in (0,1)$,稳态时 $s > 0$,$\varepsilon_{s,t}$ 是具有 0 均值、标准误为 $\sigma_s$ 的 $i.i.d.$ 正态分布。

由金融中介机构利润最大化的一阶条件得到:

$$(R_{l,t} - 1)\zeta_t = R_t - 1$$

(5.33)

## 5.1.4　货币政策部门的行为

假定中央银行的货币政策实施采取利率规则:

$$R_t = R_{t-1}^{\gamma_r}(\pi_{t-1}^{\gamma_\pi} Y_{t-1}^{\gamma_y})^{1-\gamma_r} e^{\varepsilon_{R,t}}$$

(5.34)

其中,利率冲击 $\varepsilon_{R,t}$ 为白噪音的 $i.i.d.$ 过程。

## 5.1.4　对数线性化模型

由市场均衡得资源约束方程(5.35)~(5.37)和劳动约束方程(5.38)、(5.39):

$$Y_{c,t} = C_{s,t} + C_{b,t}$$

(5.35)

$$Y_{h,t} = (1+\tau)H_{s,t} - (1-\delta)H_{s,t-1} + (1+\tau)H_{b,t} - (1-\delta)H_{b,t-1}$$

(5.36)

$$Y_t = Y_{c,t} + Y_{h,t}$$

$$(5.37)$$

$$N_{s,t} = N_{cs,t} + N_{hs,t}$$

$$(5.38)$$

$$N_{b,t} = N_{cb,t} + N_{hb,t}$$

$$(5.39)$$

则对数线性化形式的模型有下面几种。

### 1. 储蓄家庭的线性化行为方程[①]

代表性储蓄家庭线性化的消费的欧拉方程由(5.3)和(5.5)式得到：

$$\hat{c}_{s,t} = \hat{c}_{s,t+1} - \frac{1}{\sigma_s}(\hat{R}_t - \hat{\pi}_{t+1})$$

$$(5.40)$$

房地产需求方程由(5.4)和(5.5)式得到：

$$[\phi_h(1+\beta) + \phi_s(1+\tau-\beta(1-\delta))]\hat{h}_{s,t}$$
$$= \beta(1-\delta)(-\sigma_s\hat{c}_{s,t+1} + \hat{q}_{t+1}) - (1+\tau)(\hat{q}_t - \sigma_s\hat{c}_{s,t}) +$$
$$\phi_h(\hat{h}_{s,t-1} + \beta\hat{h}_{s,t+1})$$

$$(5.41)$$

实际货币需求方程由(5.3)、(5.5)和(5.6)式得到：

$$\psi_s\hat{m}_{s,t} = \sigma_s\hat{c}_{s,t} - \frac{\beta}{1-\beta}\hat{R}_t$$

$$(5.42)$$

---

① 因为模型设定央行的货币政策规则为利率规则，因此在实证中略去了货币需求方程。

最优工资决定方程(7)式的线性化形式为：

$$\hat{w}_{s,t} = \frac{1}{1+\beta}(\hat{w}_{s,t-1} - \hat{\pi}_t) + \frac{\beta}{1+\beta}E_t\{\hat{w}_{s,t+1} + \hat{\pi}_{t+1}\}$$

$$+ \frac{(1-\beta\xi_w)(1-\xi_w)}{(1+\beta)\xi_w}(\hat{\mu}_{w,t} + \upsilon_s\hat{n}_{s,t} + \sigma_s\hat{c}_{s,t} - \hat{w}_{s,t})$$

$$(5.43)$$

其中，工资加成冲击(5.8)式的对数线性化形式为：

$$\hat{\mu}_{w,t} = \rho_{\mu w}\hat{\mu}_{w,t-1} + \varepsilon_{\mu w,t}$$

$$(5.44)$$

### 2. 借贷家庭的线性化行为方程

代表性借贷家庭线性化的消费的欧拉方程由(5.12)和(5.14)式得到：

$$-\sigma_b\hat{c}_{b,t} = \gamma R_{l,s}(\hat{R}_{l,t} - \hat{\pi}_{t+1} - \sigma_b\hat{c}_{b,t+1}) + (1-\gamma R_{l,s})\hat{\eta}_t$$

$$(5.45)$$

借贷家庭线性化的房地产需求方程由(5.13)和(5.12)式得到：

$$\left[\phi_h(1+\gamma) + \phi_b\left(1-\gamma(1-\delta) - \chi\left(\frac{1}{R_{l,s}} - \gamma\right)\right)\right]\hat{h}_{b,t}$$

$$= \phi_h(\hat{h}_{b,t-1} + \gamma\hat{h}_{b,t+1}) - \gamma(1-\delta)\sigma_b\hat{c}_{b,t+1}$$

$$+ \left(\gamma(1-\delta) + \chi\left(\frac{1}{R_{l,s}} - \gamma\right)\right)\hat{q}_{t+1}$$

$$+ \chi\left(\frac{1}{R_{l,s}} - \gamma\right)(\hat{\eta}_t + \hat{\pi}_{t+1} - \hat{R}_{l,t}) - (1+\tau)(\hat{q}_t - \sigma_b\hat{c}_{b,t})$$

$$(5.46)$$

借贷家庭线性化的劳动供给方程由(5.12)和(5.15)式

得到：

$$\upsilon_b\hat{n}_t = -\sigma_b\hat{c}_{b,t} + \hat{w}_{b,t}$$

$$(5.47)$$

线性化的实际货币需求方程由（5.12）、（5.14）和（5.16）式得到[①]：

$$\psi_b(1-\gamma)\hat{m}_{b,t} = (1-\frac{1}{R_{l,s}})\sigma_b\hat{c}_{b,t} - \gamma\hat{R}_{l,t} + (\frac{1}{R_{l,s}}-\gamma)\hat{\eta}_t$$

$$(5.48)$$

借贷家庭的跨期预算约束（5.10）式的线性化形式为：

$$\frac{C_b}{qH_b}\hat{c}_{b,t} + (\tau+\delta)\hat{q}_t + (1+\tau)\hat{h}_{b,t} - (1-\delta)\hat{h}_{b,t-1}$$

$$+ \chi(\hat{l}_{b,t-1} + \hat{R}_{l,t-1} - \hat{\pi}_t) = \frac{L_b}{qH_b}\hat{l}_{b,t} + \frac{wN_b}{qH_b}(\hat{w}_{b,t} + \hat{n}_{b,t})$$

$$(5.49)$$

借贷约束（5.11）式的线性化形式为：

$$\hat{l}_{b,t} = E_t\{\hat{q}_{t+1} + \hat{\pi}_{t+1}\} + \hat{h}_{b,t} - \hat{R}_{l,t}$$

$$(5.50)$$

### 3. 消费品生产商的线性化行为方程

线性化的中间消费品生产商的生产函数由（5.17）式得到：

$$\hat{y}_{c,t} = \hat{z}_{c,t} + \alpha_c\hat{k}_{c,t} + (1-\alpha_c)(\omega_c\hat{n}_{cs,t} + (1-\omega_c)\hat{n}_{cb,t})$$

$$(5.51)$$

---

① 实证中略去了货币需求方程。

线性化的消费品生产率冲击由(5.18)式得到：

$$\hat{z}_{c,t} = \rho_{zc}\hat{z}_{c,t-1} + \varepsilon_{zc,t}$$

$$(5.52)$$

线性化的资本演进方程由(5.19)式得到：

$$\hat{k}_{c,t+1} = (1-\delta_c)\hat{k}_{c,t} + \delta_c\hat{i}_{c,t}$$

$$(5.53)$$

劳动需求方程(5.20)和(5.21)式可对数线性化为：

$$\hat{n}_{cs,t} = \hat{k}_{c,t} + \hat{r}_{k,t} - \hat{w}_{s,t}$$

$$(5.54)$$

$$\hat{n}_{cb,t} = \hat{k}_{c,t} + \hat{r}_{k,t} - \hat{w}_{b,t}$$

$$(5.55)$$

线性化的最优价格决定即通货膨胀方程由(5.22)式得到：

$$\hat{\pi}_t = \beta E_t\{\hat{\pi}_{t+1}\} + \frac{(1-\beta\xi_c)(1-\xi_c)}{\xi_c}(\hat{mc}_{c,t} + \hat{\mu}_{c,t})$$

$$(5.56)$$

其中，$\hat{mc}_{c,t} = -\hat{z}_{c,t} + \alpha_c\hat{r}_{k,t} + (1-\alpha_c)(\omega_c\hat{w}_{s,t} + (1-\omega_c)\hat{w}_{b,t})$。

线性化消费品价格加成冲击由(5.23)式得到：

$$\hat{\mu}_{c,t} = \rho_{\mu c}\hat{\mu}_{c,t-1} + \varepsilon_{\mu c,t}$$

$$(5.57)$$

### 4. 房地产生产商的线性化行为方程

线性化的房地产中间生产商的生产函数由(5.24)式得到：

$$\hat{y}_{h,t} = \hat{z}_{h,t} + \alpha_h\hat{k}_{h,t} + (1-\alpha_h)(\omega_h\hat{n}_{hs,t} + (1-\omega_h)\hat{n}_{hb,t})$$

$$(5.58)$$

线性化的房地产生产率冲击由(5.25)式得到：

$$\hat{z}_{h,t} = \rho_{zh}\hat{z}_{h,t-1} + \varepsilon_{zh,t}$$

$$(5.59)$$

线性化的资本演进方程由(5.26)式得到：

$$\hat{k}_{h,t+1} = (1-\delta_h)\hat{k}_{h,t} + \delta_h\hat{i}_{h,t}$$

$$(5.60)$$

劳动需求方程由(5.27)和(5.28)式得到：

$$\hat{n}_{hs,t} = \hat{k}_{h,t} + \hat{r}_{k,t} - \hat{w}_{s,t}$$

$$(5.61)$$

$$\hat{n}_{hb,t} = \hat{k}_{h,t} + \hat{r}_{k,t} - \hat{w}_{b,t}$$

$$(5.62)$$

线性化的最优房价决定方程由(5.29)式得到：

$$\hat{q}_t = \frac{1}{1+\beta}[\beta(\hat{q}_{t+1}+\hat{\pi}_{t+1}) - \hat{\pi}_t + \hat{q}_{t-1}] + \frac{(1-\beta\xi_h)(1-\xi_h)}{(1+\beta)\xi_h}$$
$$(\hat{\mu}_{h,t} + \hat{mc}_{h,t} - \hat{q}_t)$$

$$(5.63)$$

其中，$\hat{mc}_{h,t} = -\hat{z}_{h,t} + \alpha_h\hat{r}_{k,t} + (1-\alpha_h)(\omega_h\hat{w}_{s,t} + (1-\omega_h)\hat{w}_{b,t})$。

线性化房价加成冲击由(5.30)式得到：

$$\hat{\mu}_{h,t} = \rho_{\mu h}\hat{\mu}_{h,t-1} + \varepsilon_{\mu h,t}$$

$$(5.64)$$

## 5. 金融中介机构

金融中介机构的 3 个方程(5.31)～(5.33)式对数线性化为：

$$\hat{\zeta}_t = \upsilon \hat{y}_t + \hat{s}_t \tag{5.65}$$

$$\hat{s}_t = \rho_s \hat{s}_{t-1} + \varepsilon_t^s \tag{5.66}$$

$$\hat{\zeta}_t + \frac{R_l}{R_l - 1} \hat{R}_{l,t} = \frac{1}{1-\beta} \hat{r}_t \tag{5.67}$$

## 6. 线性化的货币政策规则

货币政策规则的对数线性化形式由(5.34)式得到：

$$\hat{R}_t = \gamma_r \hat{R}_{t-1} + (1-\gamma_r)(\gamma_\pi \hat{\pi}_{t-1} + \gamma_y \hat{y}_{t-1}) + \varepsilon_{R,t} \tag{5.68}$$

资源约束方程的线性化形式由(5.35)~(5.39)式得到：

$$N_{s,t} = N_{cs,t} + N_{hs,t} \tag{5.38}$$

$$N_{b,t} = N_{cb,t} + N_{hb,t} \tag{5.39}$$

$$\hat{y}_{c,t} = \frac{C_s}{Y_c} \hat{c}_{s,t} + \frac{C_b}{Y_c} \hat{c}_{b,t} \tag{5.69}$$

$$\hat{y}_{h,t} = \frac{H_s}{Y_h}((1+\tau)\hat{h}_{s,t} - (1-\delta)\hat{h}_{s,t-1})$$
$$+ \frac{H_b}{Y_h}((1+\tau)\hat{h}_{b,t} - (1-\delta)\hat{h}_{b,t-1}) \tag{5.70}$$

$$\hat{y}_t = y_c \hat{y}_{c,t} + y_h \hat{y}_{h,t}$$

$$(5.71)$$

$$\hat{n}_{s,t} = \frac{N_{cs}}{N_s}\hat{n}_{cs,t} + \frac{N_{hs}}{N_s}\hat{n}_{hs,t}$$

$$(5.72)$$

$$\hat{n}_{b,t} = \frac{N_{cb}}{N_b}\hat{n}_{c,t} + \frac{N_{hb}}{N_b}\hat{n}_{hb,t}$$

$$(5.73)$$

上述方程(5.40)~(5.73)中除了两个货币需求方程(5.42)和(5.48)式,其它即构成了本章 DSGE 模型的对数线性化形式,下文的脉冲响应分析即基于该对数线性化的模型进行。

## 5.2  参数校准

根据银行同业拆借利率和贷款利率分别将储蓄家庭和借贷家庭的随机贴现因子校准为 0.992 和 0.975,根据样本期内贷款利率的均值将 $R_{l,s}$ 校准为 1.0425,房地产调整成本参数 $\phi_h$ 校准为 0.01。根据中国的房地产实际情况,将家庭的房地产折旧 $\delta$ 和抵押贷款率 $\chi$ 分别校准为 0.01 和 0.8,将房地产税 $\tau$ 校准为 0.01。将储蓄家庭消费的跨期替代弹性的倒数参数校准为 0.5,房地产需求的房价参数校准为 0.8,劳动供给的工资参数校准为 0.8,将其不制定最优工资即工资粘性参数校准为 0.5,这意味着工资的持久期为 2 期,即两个季度;将借贷家庭消费的跨期替代弹性的倒数校准为 0.8,将房地产需求参数和劳动供给的工资参数分别校准为 0.8 和 1.5。将消费品生产商和房地产生产商的资本份额分别校准为 0.45 和 0.7,将生产商不制定最优消费品价格和房价的概率分别校准为 0.75 和 0.1,这意味着消费品价格和房价的持久期分别为 4 期和 1.1 期。将消费品中间生产商和房地产中间生产商生产函数中储蓄家庭劳动的比率参数 $\omega_c$ 和 $\omega_h$ 分别校准为 0.4 和 0.2。将消费品和房地产生产的资本折旧率分别校准为 0.025 和 0.03,根据李松华(2013)将货币政策的利率规则参数分别校准为 0.782,1.7 和 0.289,将外生冲击的持久性参数校准为 0.85,外生冲击的标准误校准为 0.01。

### 表 5.1　参数校准值

| 参数 | 校准值 | 参数 | 校准值 | 参数 | 校准值 | 参数 | 校准值 | 参数 | 校准值 |
|---|---|---|---|---|---|---|---|---|---|
| $\beta$ | 0.992 | $\sigma_s$ | 0.5 | $\sigma_b$ | 0.8 | $\upsilon_s$ | 0.8 | $\upsilon_b$ | 1.5 |
| $\gamma$ | 0.975 | $\phi_s$ | 0.5 | $\phi_b$ | 0.8 | $\delta_h$ | 0.03 | $R_{l,s}$ | 1.0425 |
| $\xi_c$ | 0.75 | $\xi_h$ | 0.1 | $\phi_h$ | 0.01 | $\chi$ | 0.8 | $\delta_c$ | 0.025 |
| $\xi_w$ | 0.5 | $\tau$ | 0.01 | $\delta$ | 0.01 | $\upsilon_l$ | 2 | $\omega_c$ | 0.4 |
| $\alpha_c$ | 0.45 | $\alpha_h$ | 0.7 | $\gamma_r$ | 0.782 | $\gamma_\pi$ | 1.7 | $\omega_h$ | 0.2 |
| $\gamma_y$ | 0.289 | $\rho$ | 0.85 | $\sigma$ | 0.01 | | | | |

## 5.3　外生冲击经济波动效应的脉冲模拟

本部分在上文校准 DSGE 模型结构参数的基础上,运用脉冲响应来对利率、消费品价格加成、房价加成、工资加成、贷款、房地产投资、消费品生产率和房地产生产率等 8 个外生随机冲击对产出、通胀等经济变量影响的效应进行模拟，并进行比较。图 5.1～图 5.8 中的脉冲均为 1% 的外生冲击对各经济变量的影响。

## 5.3.1 利率冲击的经济波动效应脉冲模拟

图 5.1 正向冲击利率对整个宏观经济的影响是负的。产出对利率冲击的响应是迅即下降了 4.5%，随后快速回升，于第 5 期之后逐步收敛于 0。消费品产出和房地产产出对冲击的响应也是负的，消费品产出下降了 7% 左右，且对冲击的响应较持久，而房地产产出对冲击的响应是迅即下降 3.9%，冲击的影响不持久，于第 3 期左右收敛于 0。储蓄和借贷家庭的消费对正向利率冲击的响应是相反的，储蓄家庭的消费下降而借贷家庭的消费上升，原因在于利率上升可以储蓄家庭获取更多的利息收入，从而减少消费和房地产需求；而加息导致借贷家庭的资金使用成本上升（贷款利率对冲击的响应为正，上升的峰值约为 5.8%），因而会减少贷款和房地产需求，且借贷家庭更看重当前的效用，因此消费上升。通货膨胀对冲击的响应是迅即上升 1.2%，随后快速下降于第 3 期后逐步回落。储蓄家庭的劳动供给增加，而其实际工资水平下降；借贷家庭的劳动供给减少。房价对冲击的响应也是正的，峰值为 5%，但不持久，第 3 期左右即收敛于 0。

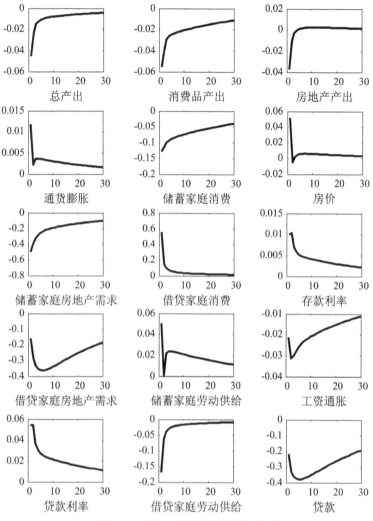

图 5.1　利率冲击的经济波动效应

### 5.3.2 贷款冲击的经济波动效应脉冲模拟

图 5.2 正向贷款冲击对经济的影响是负的——产出下降而通货膨胀上升。产出对贷款冲击的响应是于第 1 期即下降到谷底的 0.0065％，随后快速回升，于第 2 期之后逐步收敛。通货膨胀对冲击的正向响应是迅即上升 0.01％，随后快速回落，第 3 期之后缓慢回落。消费品产出和房地产产出也是于第 1 期即下降到谷底的 0.006％和 0.007％，随后回升，由脉冲可以看出，贷款冲击对房地产产出的影响较为短暂，而对消费的负向影响较为持久：房地产产出对冲击的响应于第 2 期之后即收敛于 0。房价对冲击的响应也是正的，迅即上升了 0.045％。名义存款利率对正向贷款冲击的响应是正的，呈现出先上升后下降的态势，由此导致储蓄家庭的消费先下降后上升而房地产需求减少，且对其房地产需求的影响较大：其消费下降的谷底为 0.05％，而房地产需求下降的谷底为 0.32％；贷款供给的增加导致贷款利率下降，因而，借贷家庭的消费和房地产需求均增加。储蓄家庭的劳动供给对冲击的响应为正，而其实际工资对冲击的响应为负；借贷家庭的劳动对冲击的响应为负。

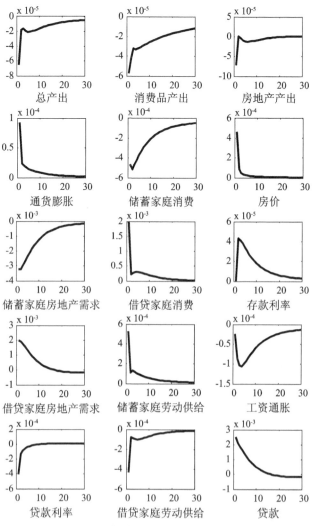

**图 5.2　贷款冲击的经济波动效应**

## 5.3.3　消费品价格冲击的经济波动效应脉冲模拟

图 5.3 正向消费品价格加成冲击对经济的影响是负的。冲击导致了通货膨胀迅即上升 0.48%,进而名义存款利率上升,则对于储蓄家庭而言,存款的利息收入增加,其消费增加,而其房地产需求对冲击的响应为负。存款利率的上升带来了贷款利率的上升进而贷款减少,加上房价上升,借贷家庭的消费增加而房地产需求减少。总产出对冲击的响应是立即下降 1%,随后逐步回升,且影响较为持久。消费品产出对冲击的响应是迅即下降到谷底的 1.2%,随后逐步回升;房地产产出对冲击的响应也是迅即下降到谷底的 0.75%,随后迅速回升于第 3 期之后收敛于 0。储蓄家庭的劳动供给对冲击的响应为正,从而其实际工资下降;借贷家庭的劳动供给对冲击的响应是迅即下降 3.5%,随后快速回升。

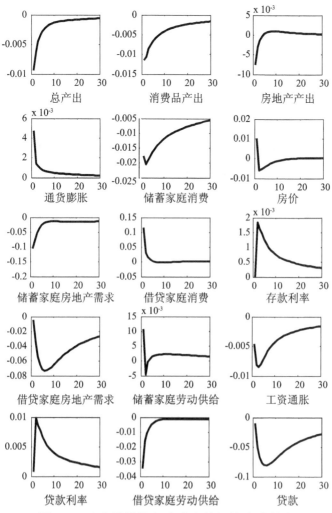

**图 5.3　消费品价格加成冲击的经济波动效应**

## 5.3.4  房价加成冲击的经济波动效应脉冲模拟

图 5.4 为正向房价加成冲击对经济的影响。房价上升，意味着借贷家庭的借贷约束放松，且名义利率下降意味着其贷款成本下降，从而借贷家庭的房地产需求增加，消费减少。房价上升，对于金融中介机构而言，对发放的住房贷款风险减小，因此，贷款增加，对于储蓄家庭而言，名义存款利率下降意味着其存款的利息收入减少，储蓄家庭会更看重现时消费，由此消费增加，该响应的峰值为 7%，且较为持久。储蓄家庭的房地产需求对冲击的响应是正的，说明经济人的房地产需求是非理性的，呈现出"追涨"，这与现实情况一致。两类家庭房地产需求的增加带来了房地产产出的增加。总产出和消费品产出对冲击的响应为正，但较为微弱，随后快速回落。通货膨胀对冲击具有微弱而短暂的负向响应，通货膨胀下降的最大幅度为 0.31%。储蓄家庭的劳动供给对冲击的响应为负，而其实际工资水平对冲击的响应为正；借贷家庭的劳动供给对冲击的响应为正。

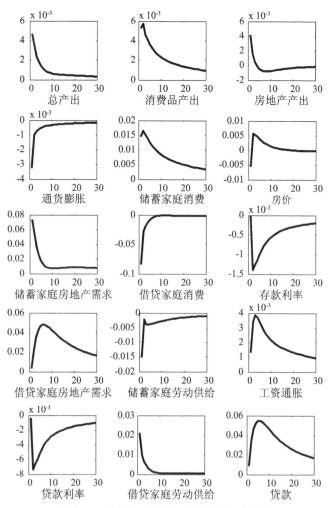

图 5.4　房价加成冲击的经济波动效应

## 5.3.5 消费品生产率冲击的经济波动效应脉冲模拟

图 5.5 为正向消费品生产率冲击对经济的影响。消费品生产率的提高导致消费品产出增加,尽管增加的幅度不大,但这种正效应较为持久。尽管资源向消费品部门转移导致了房地产产出下降了 0.5%,但总产出对冲击的正向响应是逐步增加了 0.2%。借贷和储蓄家庭的消费均是增加的,而旺盛的消费带来了经济中物价的上升,即通货膨胀对冲击的响应为正。房地产供给的减少导致房价上升,峰值为 1.75%,从而借贷家庭的借贷约束放松,且贷款是增加的,因而,借贷家庭的房地产需求增加。而对于储蓄家庭来讲,房价上升导致了其房地产需求减少。储蓄家庭的劳动供给增加,而实际工资先有小幅度的上升,随后快速下降为负;借贷家庭的劳动供给减少。

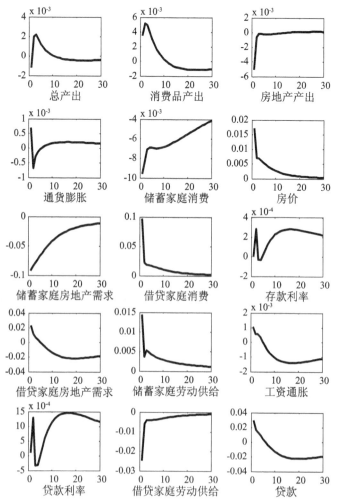

图 5.5　消费品生产率冲击的经济波动效应

## 5.3.6 房地产生产率冲击的经济波动效应脉冲模拟

图 5.6 正向房地产生产率冲击导致房地产产出增加,呈现先上升后下降的态势,于第 3 期达到峰值的 0.8%,随后逐步回落,于第 20 期后收敛于 0。冲击导致通货膨胀上升,但上升的幅度不大,峰值约为 0.3%,且不持久,在第 2 期之后即收敛于 0。由于经济中的资源从消费品生产部门转移向房地产部门,导致消费品产出对房地产生产率冲击的响应是负的,消费品产出下降了 0.7%。由于房地产产出增加的幅度大于消费品产出的下降,因而,总产出对冲击的响应仍然为正,但较小,峰值为 0.3%,且冲击的效应较持久。储蓄家庭对冲击的决策响应是减少消费和房地产需求,借贷家庭则也减少了消费和房地产需求(其房地产需求的减少是因为贷款减少而贷款利率,即其融资成本上升了)。储蓄家庭的劳动供给对冲击的响应是正的,而其实际工资对冲击的响应为负;借贷家庭的劳动供给对冲击的响应为负。

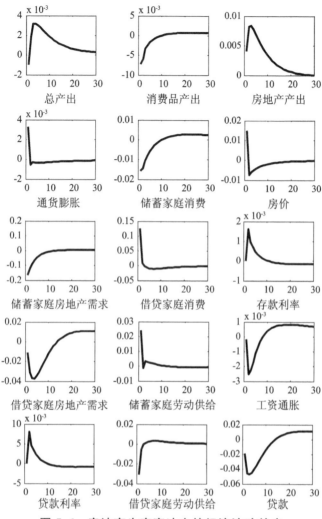

图 5.6　房地产生产率冲击的经济波动效应

## 5.3.7 房地产投资冲击的经济波动效应脉冲模拟

图 5.7 正向房地产投资冲击对经济的影响是正的。总产出对冲击的正向响应是迅即上升了 0.3％,随后快速下降,于第 3 期之后缓慢回落,冲击的效应较为持久。消费品产出对冲击的响应是迅即上升 0.34％,于第 3 期回落到 0,之后又上升,冲击的效应较为持久。房地产产出对冲击的响应也为正,峰值为 0.25％,于第 2 期回落到 0.1％,之后缓慢回落,房地产产出对房地产投资冲击的响应较为持久。房地产投资的增加导致房地产供给增加,从而房价下降,房价下降的最大幅度为 0.4％,随后快速回升,于第 2 期之后逐步收敛于 0。通货膨胀对冲击的负向响应是迅即下降 0.11％,随后快速回升,于第 2 期之后基本保持在 −0.04％左右,冲击的效应持久。尽管名义存款利率下降,导致储蓄家庭的存款利息收入下降,但物价的水平的下降,导致了储蓄家庭的消费增加;而房价的下降,意味着房地产的未来投资收益上升,因此,其房地产需求也是增加的,上升的峰值约为 2.5％。出于资金分配的需要,借贷家庭的消费下降,而房地产持有需求增加,冲击对借贷家庭消费的影响较大但不持久,对其房地产需求的影响较为持久。房地产需求的增加,带动了贷款,贷款对冲击的响应为正。储蓄家庭的劳动供给对冲击的响应是迅即下降 0.4％,而其实际工资对冲击的响应是逐步上升的,峰值为 0.3％;借贷家庭的劳动供给对冲击的响应

是正的,迅即上了 1‰,于第 2 期之后基本保持在 0.4‰ 左右,冲击的响应较为持久。

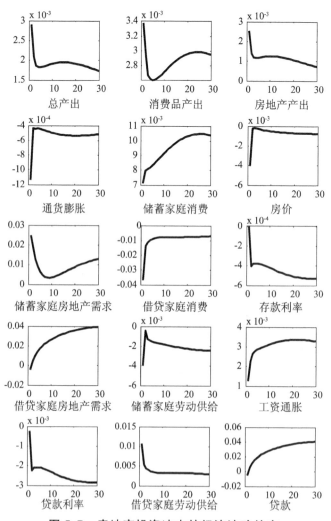

图 5.7　房地产投资冲击的经济波动效应

## 5.3.8　工资加成冲击的经济波动效应脉冲模拟

图 5.8 正向工资加成冲击对经济的影响是负的。冲击导致储蓄家庭的实际工资上升,于第 2 期达到峰值的 0.4%,随后逐步回落;工资的上升导致了对储蓄家庭劳动需求的减少,因而储蓄家庭的劳动供给对冲击的响应是负的(市场均衡时,劳动需求等于劳动供给),迅即下降了 0.5%,随后缓慢回升,冲击的效应较为持久。相反,借贷家庭的劳动供给增加,上升了 0.35%,但冲击的效应不持久,于第 3 期后基本收敛于 0。冲击导致总产出下降 0.05%,随后快速回升,于第 2 期之后上升为正,并于第 4 期之后快速收敛于 0。消费品产出对冲击的响应也为负,于第 5 期下降到谷底的 0.05%,随后回升,于第 10 期收敛于 0。房地产产出对冲击的负向响应也是迅即下降了 0.05%,随后快速回升,于第 2 期上升为正,第 4 期之后回落,并于第 8 期收敛于 0。由于通货膨胀正向取决于工资加成冲击,因此,通货膨胀对冲击的响应是迅即上升 0.02%,之后快速回落,于第 2 期下降到谷底 -0.01%,随后快速回升,于第 4 期左右收敛于 0。尽管名义存款利率对冲击的响应是负的,但储蓄家庭的消费和房地产需求对冲击的响应均是正的,上升的峰值分别为 0.15% 和 1.5%,且冲击对二者的影响都较为持久。借贷家庭的消费对冲击的响应为负,迅即下降了 1.4%,但不持久,于第 4 期左右即回升收敛于 0;尽管贷款利率下降导致借贷家庭的资金使用成本下降,但贷

款的减少和房价的上升,导致了借贷家庭房地产需求下降了 0.2%,然后快速回升,于第 2 期上升为正。

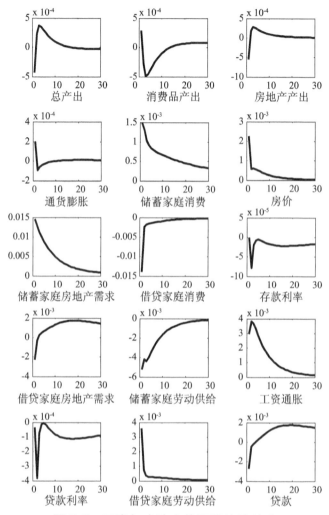

**图 5.8　工资加成冲击的经济波动效应**

　　综合上述脉冲响应分析可以发现,利率、贷款、消费品价格加成、房价加成、房地产投资、工资加成、消费品生产率和房地产生产率等 8 个外生随机冲击对经济的影响是不同的;利率、贷款、消费品价格加成和工资加成等 4 个冲击对经济的影响是消极的——导致产出下降的同时,带来了通货膨胀的上升;一个标准误正的房价加成冲击和房地产投资冲击对经济的影响是积极的——产出增加而通货膨胀下降;正向消费品生产率和房地产生产率冲击均导致了经济的高涨——不仅产出增加,通货膨胀也上升。

　　从各个冲击影响经济的程度和持久性来看,导致产出波动幅度最大的是利率冲击,其次是消费品价格加成冲击和房价加成冲击,工资加成冲击和贷款冲击对产出的影响较为微弱;利率冲击和房地产投资冲击对产出的影响较为持久,其次是房地产生产率冲击和贷款冲击,而消费品生产率冲击对产出的影响相对短暂。同样地,对通货膨胀影响程度最大的也是利率冲击,其次是消费品价格加成冲击、房地产投资冲击和房价加成冲击,而工资加成冲击和贷款冲击对通货膨胀的影响较为微弱;对通货膨胀的效应较为持久的是利率冲击、消费品价格加成冲击和房地产投资冲击,而房地产生产率冲击和工资加成冲击对通货膨胀的影响均十分短暂。

# 5.4　抵押贷款率对货币政策调控房价效应的影响模拟

图 5.9 给出了当抵押贷款率分别为 0.8 和 0.65 时房价对于利率冲击和贷款冲击的响应。如图 5.9 所示,相比于基准模型中对于抵押贷款率参数校准为 0.8 时的情形,在抵押贷款率取 0.65 时,房价对于正向利率冲击的响应值被放大,由此说明抵押贷款率的不同取值对于货币政策利率工具调控房价效应的影响十分显著。同样地,图 5.9 也显示了,在抵押贷款率取较低值时,贷款冲击对房价的效应被放大。综合而言,降低抵押贷款率即提高房地产首付率,反而放大了利率和贷款对房价的效应。这一发现与我国当前的现实是一致的:加息和提高房地产首付率等政策其目的在于抑制房地产需求进而抑制房价的上涨,但这些政策显然是失效的,反而导致了房价的进一步上涨。这一研究发现具有十分明显的政策意义,即可以适当提高房地产抵押贷款率,这不仅可以减小房价的上涨幅度,还可以有效平抑经济的剧烈波动。

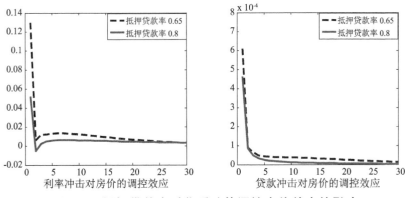

图 5.9　抵押贷款率对货币政策调控房价效应的影响

## 5.5　本章小结

本章构建了一个包含货币政策、金融中介部门即贷款、两分的消费部门和劳动市场、两分的生产部门，以及粘性消费品价格、粘性工资和粘性房价等特征的新凯恩斯主义动态随机一般均衡模型，在校准模型结构参数的基础上，采用脉冲响应分析了利率、贷款、房价加成、消费品价格加成、房地产投资、工资加成、消费品生产率和房地产生产率等 8 个外生随机冲击对中国的产出、通货膨胀等经济变量的影响。研究发现：

（1）利率、贷款、消费品价格加成和工资加成等 4 个冲击对经济的影响是消极的——导致产出下降的同时，带来了通货膨胀的上升；房价加成冲击和房地产投资冲击对经济的影响是积极的——产出增加而通货膨胀下降;正向消费品生产率和房地产生产率冲击均导致了经济的高涨——不仅产出增加,通货膨胀也上升。

(2)导致产出波动幅度最大的是利率冲击,其次是消费品价格加成冲击和房价加成冲击,工资加成冲击和贷款冲击对产出的影响较为微弱;利率冲击和房地产投资冲击对产出的影响较为持久,其次是房地产生产率冲击和贷款冲击,而消费品生产率冲击对产出的影响相对短暂。同样地,对通货膨胀影响最大的也是利率冲击,其次是消费品价格加成冲击、房地产投资冲击和房价加成冲击,而工资加成冲击和贷款冲击对通货膨胀的影响较为微弱;对通货膨胀的效应较为持久的是利率冲击、消费品价格加成冲击和房地产投资冲击,而房地产生产率冲击和工资加成冲击对通货膨胀的影响均十分短暂。

(3)抵押贷款率对货币政策调控房价的效应具有显著影响。仿真分析发现,加息和增加贷款都会导致我国房价的上涨,这意味着当前我国运用货币政策干预房价是无效的,相比较而言,利率对房价的推动作用强于贷款的;基于不同房地产抵押贷款率的模拟发现,抵押贷款率对于我国货币政策调控房价的效应具有十分显著的影响,较高的房地产抵押贷款率可以削弱利率和贷款对房价的推动作用,而较低的房地产抵押贷款率则会放大利率和贷款对房价的效应,因而,对于房价的调控,可以适当提高房地产抵押贷款率即降低房地产首付率,以有效平抑房价的快速上涨。

# 第6章 全文总结及研究展望

## 6.1 全文总结

改革开放 30 多年来,我国经济发展取得了举世瞩目的成就,经济总量基本保持了年均 10％的增速,并跃居世界第二位。但我国的经济增长率并不平稳,实际产出波动幅度较大,季度产出增长率极差在 1992～1994 年之间高达到 12％以上,即使在 1995～2007 年的较为平稳时期,季度产出平均增长率极差也在 2％左右,波动频率较高。

而为了追求经济的增长,我国频繁运用货币、财政政策干预宏观经济,这些政策的实施是否是引致我国经济波动的冲击源呢？同时,近几年,房价的不断上涨已成为我国经济的一个热点问题,房价是否也是我国经济波动的冲击源呢？因此,关于房价、货币政策和财政政策等因素对经济波动的影响问题,值得探讨。

现有关于中国经济波动的研究文献,较多地采用了简约化计量模型,运用动态随机一般均衡模型(DSGE)模型的研究多基于 RBC 理论,排除了货币政策因素,同时基于二阶矩模拟的研究结论也有待商榷。而少数基于新凯恩斯框架的 DSGE 研究,往往模型设定相对简单,遗漏了当前我国经济的多个重要特征(如房价)。因此,本项研究将房价、货币政策、财政政策等因素纳入新凯恩斯 DSGE 模型,分析其对我国经济波动的影响,显然具有重要意义。

本项研究通过构建新凯恩斯主义的 DSGE 模型,在校准 DSGE 模型结构参数的基础上,运用脉冲响应模拟分析和比较了货币政策、财政政策、消费品生产率、房地产生产率等外生随机扰动对中国产出、通货膨胀等经济变量的影响,并探讨了财政和货币政策之间的互动关系,对房地产抵押贷款率影响货币政策调控房价的效应做了敏感性分析。通过实证研究,本项研究得出了以下几点有意义的结论:

外生随机扰动对经济具有不同的影响方向和程度。

第 2 章基于包含名义价格粘性、名义工资粘性以及货币政策采取简单供应量规则等特征的新凯恩斯主义动态随机一般均衡模型(DSGE)的研究表明,货币供给和消费偏好两个外生随机冲击到了经济的高涨:在带来产出增加的同时,导致了物价水平的上升;技术冲击对经济具有积极效应,导致产出增加,而通货膨胀下降;投资调整成本冲击导致产出和通货膨胀均下降,而两个成本推动冲击即价格加成和工资加成冲击均对经济具有消极影响:导致产出下降、通货膨胀上升。

对产出和通货膨胀影响最大的均是货币供给冲击,其次是技术和投资调整成本冲击;而消费偏好冲击对产出、通货膨胀的影响较弱;两个成本推动冲击对经济的影响极为微弱,尽管价格加成冲击对通货膨胀的影响仅次于货币供给冲击和技术冲击,特别是工资加成冲击对经济的影响最为微弱。

第 3 章基于包含名义价格粘性、名义工资粘性以及货币政策采取简单供应量规则、财政政策等特征的新凯恩斯主义动态随机一般均衡模型(DSGE)的研究表明,货币供应量、政府购买支出、贷款、技术和消费偏好等 5 个冲击对经济具有积极影响,其中,货币供应量、消费偏好和政府购买支出等 3 个冲击在带来产出增加的同时,导致了物价水平的上升;贷款和技术冲击对产出具有正效应,对通货膨胀具有负效应。价格加成、工资加成和投资调整成本等 3 个冲击对经济具有负向影响,其中投资调整成本冲击导致产出和通货膨胀均下降,而价格加成和工资加成冲击均导致产出下降、通货膨胀上升。

对产出和通货膨胀影响最大的均是货币供应量冲击,其次是技术和投资调整成本、价格加成冲击;相对而言,政府购买支出、消费偏好和工资加成冲击对产出、通货膨胀的影响较小,贷款对经济的影响极为微弱。

财政和货币政策之间存在不同的关系。产出冲击时,财政政策和货币政策对冲击的响应方向一致,从而二者之间是互补关系;而通货膨胀冲击时,财政政策和货币政策对冲击的响应方向相反,因而存在替代关系。

第 4 章拓展和修订了第 3 章所构建的 DSGE 模型,将模型中的家庭和生产商分别划分为两类,引入房地产部门

和房价,在修订的泰勒规则下考察了利率、房价、消费品生产率以及房地产生产率等冲击对中国经济波动的影响。研究发现:

一个标准误正的房价加成冲击对经济的影响是负的——总产出和通货膨胀均下降;正向消费品生产率冲击和房地产投资冲击均对经济具有积极影响——总产出增加而通货膨胀下降;正向利率冲击(即加息)、消费品价格加成和房地产生产率等 3 个冲击对经济的影响是消极的,在导致产出下降的同时,带来了通货膨胀的上升。

从各个冲击影响经济的程度和持久性来看,导致产出波动幅度最大的是利率冲击,其次是消费品价格加成冲击和消费品生产率冲击,而房价加成冲击和房地产投资冲击对产出的影响相对微弱;而利率冲击和消费品生产率冲击对产出的影响较为持久,其他几个冲击对产出的影响均十分短暂。同样地,对通货膨胀影响程度最大的也是利率冲击,其次是消费品价格加成冲击和消费品生产率冲击;对通货膨胀影响较为持久的是利率冲击和消费品价格加成冲击。

第 5 章进一步拓展了第 4 章的 DSGE 模型,不仅将家庭和生产商划分为两类,还将劳动市场两分,即假定储蓄的家庭在垄断竞争生产供给劳动,对其劳动价格具有市场势力,而借贷的家庭是其劳动价格的接受者,同时,再次引入了盈利性的金融中介部门进而将贷款纳入了模型,模拟分析了利率、贷款、消费品价格加成、工资加成、房价加成、消费品生产率以及房地产生产率等冲击对中国经济波动的影

响,并探讨了不同房地产抵押贷款率对货币政策调控房价效应的影响。研究发现:

利率、贷款、消费品价格加成和工资加成等 4 个冲击对经济的影响是消极的——导致产出下降而通货膨胀上升;房价加成冲击和房地产投资冲击对经济的影响是积极的——导致产出增加而通货膨胀下降;消费品生产率和房地产生产率冲击均导致了经济的高涨。导致产出波动幅度最大的是利率冲击,其次是消费品价格加成和房价加成冲击,工资加成和贷款冲击对产出的影响较为微弱;对通货膨胀影响最大的也是利率冲击,其次是消费品价格加成、房地产投资和房价加成冲击,而工资加成和贷款冲击对通货膨胀的影响较为微弱。

抵押贷款率对货币政策调控房价的效应具有显著影响。基于不同房地产抵押贷款率的模拟分析发现,抵押贷款率对于我国货币政策调控房价的效应具有十分显著的影响,较高的房地产抵押贷款率可以削弱利率和贷款对房价的推动作用,因而,对于房价的调控,可以适当提高房地产抵押贷款率即降低房地产首付率,以有效平抑房价的快速上涨。

# 6.2 研究展望

在当今全球化的背景下,随着世界经济的纵深发展,各国之间的贸易和经济往来越来越频繁,各国经济不可避免地要受到世界经济大环境以及其他国家经济情况的影响。现今,中国经济的开放经济特征越发明显。而本项研究主要研分析了封闭经济情形下货币供应量、利率、贷款等货币政策工具、政府购买支出、房价等对我国经济波动的影响,因此,拓展上文所构建的 DSGE 模型考察开放经济情形下汇率等因素对经济波动的影响是未来进一步研究的重要方向。

此外,能源对于经济发展的重要性愈发突出,能源不足对经济的约束时有发生,特别是能源价格的剧烈波动对于经济的平稳增长可以说是一个极大的干扰因素,因此,在新凯恩斯主义 DSGE 模型框架下,探讨能源价格对经济波动的影响也是未来进一步研究的方向。

# 参考文献

[1] Kydland, F. E., Prescott, E. C. Time to Build and Aggregate Fluctuations [J]. Econometrica, 1982, (50): 1345—1370

[2] Long, J. B., C. I. Plosser. Real Business Cycles [J]. Journal of Political Economy, 1983, (91): 39—69

[3] Preseott, E. C. Theory Ahead of Business-Cycle Measurement [R]. Carnegie Rochester Conference Series on Public Policy, 1986, (25): 11—44

[4] King, R. G., C. 1. Plosser. Money, Credit, and Prices in Real Business Cycle [J]. American Economic Review, 1984, 74(3): 363—350

[5] Cooley, T F., G D. Hansen. The Inflation Tax in a Real Business Cycle Model [J]. American Economic Review, 1989, (79): 733—748

[6] 卜永祥, 靳炎. 中国实际经济周期：一个基本解释和理论扩展[J]. 世界经济, 2002, (7): 3—11

[7] 陈昆亭, 龚六堂, 邹恒甫. 基本 RBC 方法模拟中国经济的数值试验[J]. 世界经济文汇, 2004a, (2): 41—52

[8] 陈昆亭,龚六堂,邹恒甫.什么造成了经济增长的波动,供给还是需求:中国经济的 RBC 分析[J].世界经济,2004b,(4):3-11

[9] 黄颐琳.中国经济周期特征与财政政策效应——一个基于三部门 RBC 模型的实证分析[J].经济研究,2005,(6):27-39

[10] 黄颐琳.技术冲击和劳动供给对经济波动的影响分析——基于可分劳动 RBC 模型的实证检验[J].财经研究,2006,32(6):98-109

[11] 李浩,钟昌标.贸易顺差与中国的实际经济周期分析:基于开放的 RBC 模型研究[J].世界经济,2008,(9):60-65

[12] 张涛,龚六堂,卜永祥.资产回报、住房按揭贷款与房地产均衡价格[J].金融研究,2006,(2):1-11

[13] 梁斌,李庆云.中国房地产价格波动与货币政策分析[J].经济科学,2011,(3):17-32

[14] Benito A. The Down—Payment Constraint and UK Housing Market:Does the Theory Fit the Facts [J]? Journal of Housing Economics,2006,15(1):1-20

[15] Gali, Jordi. Technology, Employment, and the Business Cycle:Do Technology Shocks Explain Aggregate Fluctuations[J]? The American Economic Review,1999,89(1):249-271

[16] Calvo, Guillermo. Staggered Prices in a Utility Maximizing Framework[J]. Journal of Monetary Econom-

ics,1983,(12):383－398

[17] Gali, J., M. Gertler. Inflation Dynamics: A Structural Econometric Analysis[J]. Journal of Monetary Economics,1999,(44):195－222

[18] Christiano, L. J., M. Eichenbaum. Liquidity Effects and the Monetary Transmission Mechanism[J]. American Economic Review,1992a,(82):346－353

[19] Christiano, L. J., M. Eichenbaum. Liquidity Effects, Monetary Policy, and theBusiness Cycle. Discussion Paper,1992b

[20] Ireland,Peter N. A Small,Structural,Quarterly Model for Monetary Policy Evaluation[R]. Camegie－Roehester Conference Series on Public Policy,1997

[21] Ireland, Peter N. Technology Shocks and the Business Cycle: An Empirical Investigation [J]. Journal of Economic Dynamics & Control,2001,(25):703－719

[22] Ireland,Peter N. Endogenous Money of Sticky Prices[J]. Journal of Monetary Economies,2003,50(8):1623－1648

[23] Ireland,Peter N. Technology Shocks in the New Keynesian Model[J]. The Review of Economics and Statistics,2004,86(4):923－936

[24] Christiano,L. J., M. Eichenbaum,C. L. Evans. Nominal Rigidities and the Dynamic Effects of a Shock to Monetary Policy[J]. The Journal of Political Economy,

2005,113(1):1—45

[25] Smets,F.,Raf Wouters. An Estimated Dynamic Stochastic General Equilibrium Model of the EURO Area [J]. Journal of the European Economic Association,2003, 1(5):1123—1175

[26] Chari,V. V.,J. P. Kehoe,E. McGrattan. Sticky Price Models of the Business Cycle：Can Contract Multiplier Solve the Persistence Problem[J]? Econometrica, 2000,(68):51—79

[27] Dib,Ali. Nominal Rigidities and Monetary Policy in Canada[J]. Journal of Macroeconomics,2006,(28):303—325

[28] Adolfson，Malin. Incomplete Exchange Rate Pass—through and Simple Monetary Policy Rules[J]. Journal of International Money and Finance,2007,(26): 468—494

[29] Adolfson,M.,S. Laséen,J. Lindé,M. Villani. Bayesian Estimation of an Open Economy DSGE Model with Incomplete Pass—through[J]. Journal of International Economics,2007,(72):481—511

[30] Clarida,Richard,Jordi Gali,Gertier,M.. The Science of Monetary Policy：A New Keynesian Perspective [J]. Journal of Economic Literature,1999,37(4):1661— 1707

[31] Gouteron,S.,Szpino D. Excss Monetary Liquidity and Asset Price. Bank of Franc Working Paper,2005

［32］ Jin, Y. , Zeng Z. Residential Investment and House Prices in a Multi—sector Monetary Business Cycle Model［J］. Journal of Housing Economics, 2004, 13 (4): 268—286

［33］ Arseneau D. M. , S. K. Chugh. Optimal Fiscal and Monetary Policy with Costly Wage Bargaining［J］. Journal of Monetary Economics, 2008, (55): 1401—1414

［34］ Bemanke Ben S. , Alan Blinder. Credit, Money, and Aggregate Demand［J］. American Economic Review, 1988, 78(2): 435—439

［35］ Gertler, M. , Gilchrist, S. , Natalucci, F. . External Constraints on Monetary Policy and the Financial Accelerator. Working paper No. 139, 2003 (Journal of Money, Credit, Banking, in press).

［36］ Sugo, T. , K. Ueda. Estimating a Dynamic Stochastic General Equilibrium Model for Japan［J］. Journal of Japanese Int. Economies, 2008, (10): 1—27

［37］ Bemanke, B. S. , M. Gertler, S. Gilchrist. The Financial Accelerator in a Quantitative Business Cyel Framework. In Taylor, J. , and M. Woodford (eds. ), Handbook of Macroeconomics, Vol. IC. Amsterdam: North Holland, 1999: 1341—1393

［38］ Milani, F. Learning about the Interdependence between the Macroeconomy and the Stock Market. University of Califomia at Irvine, mimeo, 2008

[39] Castelnuovo,E.,S. Nistico. Stock Market Conditions and Monetary Policy in a DSGE Model for the US. Working Paper,2009

[40] 陈昆亭,龚六堂. 粘滞价格模型以及对中国经济的数值模拟——对基本 RBC 模型的改进[J]. 数量经济技术经济研究,2006,(8):106－117

[41] 李春吉,孟晓宏. 中国经济波动——基于新凯恩斯主义垄断竞争模型的分析[J].经济研究,2006,(10):72－82

[42] 刘斌. 我国 DSGE 模型的开发及在货币政策分析中的应用[J].金融研究,2008,(10):1－21

[43] 许伟,陈斌开. 银行信贷与中国经济波动:1993－2005[J].经济学(季刊),2009,8(4):969－994

[44] 简志宏,李霜,鲁娟. 货币供应机制与财政支出的乘数效应[J].中国管理科学,2011,19(2):30－39

[45] 李成,黎克俊,马文涛. 房价波动、货币政策工具的选择与宏观经济稳定:理论与实证[J].当代经济科学,2011,33(6):1－12

[46] 李成,马文涛,王彬. 通货膨胀预期与宏观经济稳定:1995－2008[J].南开经济研究,2009,(6):30－53

[47] 李松华. 基于 DSGE 模型的中国货币政策传导机制研究[D].华中科技大学博士学位论文,2010

[48] 杨雪,李松华,王菲. 货币供应量传导研究[J].管理评论,2011,(12):38－45

[49] 李霜. 动态随机一般均衡下中国经济波动问题研究[D].华中科技大学博士学位论文,2011

[50] Beetsma, Roel M. W. J., Jensen H. Monetary and Fiscal Policy Interactions in a Micro-founded Model of a Monetary Union[J]. Journal of International Economics, 2005, (67): 320-352

[51] Ratto, M., W. Roeger, J. Veld. An Estimated Open-economy DSGE Model of the Euro Area with Fiscal and Monetary Policy[J]. Economic Modelling, 2009, (26): 222-233

[52] Rotemberg, J. J.. Sticky prices in the United States[J]. Journal of Political Economy, 1982, (90): 1187-1211

[53] Yun, T.. Nominal Price Rigidity, Money Supply Endogeneity, and Business Cycles[J]. Journal of Monetary Economics, 1996, (37): 345-370

[54] Fischer, S., Robert C. Merton. Macroeconomics and Finance: The Role of the Stock Market[R]. Carnegie-Rochester Conference Series on Public Policy, 1984, (21): 57-108

[55] Fuhrer, Jeffrey C., George R Moore. Monetary Policy Trade-offs and the Correlation between Nominal Interest Rates and Real Output[J]. American Economic Review, 1995, (3): 219-239

[56] Ganelli, Giovanni. Useful Government Spending, Direct Crowding-out and Fiscal Policy Interdependence [J]. Journal of International Money and Finance, 2003,

(22): 87—103

[57] Erceg, Chris, Dale W. Henderson, Andrew Levin. Optimal Monetary Policy with Staggered Wage and Price Contracts[J]. Journal of Monetary Economics, 2000, (46): 281—313

[58] Gali, Jordi. New Perspectives on Monetary Policy, Inflation, and the Business Cycle. National Bureau of Economic Research working paper, 2000

[59] Levin, A., Onatski, A., Williams, J., Williams, N.. Monetary Policy under Uncertainty in Micro-Founded Macroeconometric Models. In: NBER Macroeconomics Annual, 2005, Vol. 20: 229—287

[60] Huang, K. X. D., Liu Z.. Staggered Price-setting, Staggered Wage-setting, and Business Cycle Persistence[J]. Journal of Monetary Economics, 2002, (49): 405—433

[61] Kollmann, Robert. The Exchange Rate in a Dynamic-optimizing Business Cycle Model with Nominal Rigidities: A Quantitative Investigation[J]. Journal of International Economics, 2001, (55): 243—262

[62] Atta-Mensah, Joseph, Ali Dib. Bank Lending, Credit Shocks, and the Transmission of Canadian Monetary Policy[J]. International Review of Economics and Finance, 2008, (17): 159—176

[63] Bemanke, B. S., M. Gertler, S. Gilchrist. The Financial Accelerator in a Quantitative Business Cyel Frame-

work[R]. In Taylor,J. ,and M. Woodford（eds. ），Handbook of Macroeconomics, Vol. IC. Amsterdam: North Holland,1999: 1341−1393

[64] Castelnuovo,E. ,S. Nistico. Stock Market Conditions and Monetary Policy in a DSGE Model for the US, Working Paper,2009

[65] Dixit,A. ,Lambertini,L. . Monetary-Fiscal Policy Interactions and Commitment versus Discretion in a Monetary Union. Working Paper,Princeton and UCLA, 2001

[66] Buti,M. ,RoegerW. and in't Veld. Stabilizing Output and Inflation in EMU: Policy Conflicts and Cooperation under the Stability Pact[J]. Journal of Common Market Studies,forthcoming,2001

[67] Iacoviello,Matteo. House Prices, Borrowing Constraints and Monetary policy in Business Cycle[J]. American Economic Review,2005,95(3): 739−764

[68] Iacoviello,Matteo,Raoul Minetti. The Credit Channel of Monetary Policy: Evidence from the Housing Market[J]. Journal of Macroeconomics,2008,(30): 69−96

[69] Schmitt-Grohe,S. ,Uribe,M. . Optimal Fiscal and Monetary Policy under Sticky Prices[J]. Journal of Economic Theory,2004,(114): 198−230

[70] Siu,H. E. . Optimal Fiscal and Monetary Policy

with Sticky Prices[J]. Journal of Monetary Economics, 2004,(51):576－607

[71] Kenny, G. Modeling the Demand and Supply Sides of the Housing Market: Evidence from Ireland[J]. Economic Modeling,1999,16(3):389－409

[72] Fratantoni,Mchael,Scott Schuh. Monetary Policy, Housing, and Heterogeneous Regional Markets[J]. Journal of Money,Credit and Banking,2003,35(4):557－589

[73] Deokho, Cho, Ma Seungryu. Dynamic Relationship between Housing Values and Interest Rates in the Korean Housing Market[J]. Journal of Real Estate Finance and Economics,2006,(32):169－184

[73] Basu, S.. Intermediate Goods and Business Cycles: Implications for Productivity and Welfare[J]. American Economic Review,1995,(85):512－531

[75] Christensen,Ian,Ali Dib. The Financial Accelerator in an Estimated New Keynesian model[J]. Review of Economic Dynamics,2008,(11):155－178

[76] Divino,Jose Angelo. Optimal Monetary Policy for a Small Open Economy[J]. Economic Modeling,2009, (26):352－358

[77] Buti, M. , RoegerW. and in't Veld. Stabilizing Output and Inflation in EMU: Policy Conflicts and Cooperation under the Stability Pact[J]. Journal of Common

Market Studies, forthcoming, 2001

[78] Muscatelli, V. Anton, Patrizio Tirelli, & Carmine Trecroci. Fiscal and Monetary Policy Interactions: Empirical Evidence and Optimal Monetary Policy Using a Structural New Keynesian Model. CESifo Working Paper, 2003

[79] 赵丽芬,李玉山. 我国财政货币政策作用关系实证研究——基于 VAR 模型的检验分析[J]. 财经研究, 2006,32(2): 42—53

[80] 李松华. 基于 DSGE 模型的信贷、货币供应量传导研究[J]. 工业技术经济,2012,(11): 109—117

[81] 李松华. 基于 DSGE 模型的利率传导机制研究[J]. 湖南大学学报(社科版),2013,27(3): 42—48

[82] 李松华. 贷款影响我国房价数量效应的实证研究[J]. 金融理论与实践,2014,(2): 42—45

[83] Muscatelli, V. Anton, Patrizio Tirelli, & Carmine Trecroci. Fiscal and Monetary Policy Interactions: Empirical Evidence and Optimal Monetary Policy Using a Structural New Keynesian Model[J]. Journal of Macroeconomics,2004,26(2): 257—280

[84] 胡爱华. 基于新凯恩斯 DSGE 模型的我国财政政策效应分析[D]. 华中科技大学博士学位论文,2011